古代歷史文化^{研究}輯刊

二十編

王明蓀 主編

第6冊

先秦文獻中的「古帝」傳說研究
——「託古」範式下的諸子政治思想演變(下)

孔祥來 著

國家圖書館出版品預行編目資料

先秦文獻中的「古帝」傳說研究——「託古」範式下的諸子政
治思想演變（下）／孔祥來 著 — 初版 — 新北市：花木蘭文
化事業有限公司，2018〔民 107〕
目 2+152 面；19×26 公分
（古代歷史文化研究輯刊 二十編；第 6 冊）
ISBN 978-986-485-538-4（精裝）
1. 中國政治思想
618   107011985

ISBN-978-986-485-538-4

9 789864 855384

古代歷史文化研究輯刊
二十編 第 六 冊   ISBN：978-986-485-538-4

先秦文獻中的「古帝」傳說研究
——「託古」範式下的諸子政治思想演變（下）

作　　者　孔祥來
主　　編　王明蓀
總 編 輯　杜潔祥
副總編輯　楊嘉樂
編　　輯　許郁翎、王筑　美術編輯　陳逸婷
出　　版　花木蘭文化事業有限公司
發 行 人　高小娟
聯絡地址　235 新北市中和區中安街七二號十三樓
　　　　　電話：02-2923-1455／傳眞：02-2923-1452
網　　址　http://www.huamulan.tw 信箱 hml 810518@gmail.com
印　　刷　普羅文化出版廣告事業
初　　版　2018 年 9 月
全書字數　275812 字
定　　價　二十編 25 冊（精裝）台幣 66,000 元

先秦文獻中的「古帝」傳說研究
——「託古」範式下的諸子政治思想演變（下）

孔祥來　著

目

次

第四章　黃帝傳說與「黃帝之學」

　　黃帝是堯舜之前的一位「古帝」，他的傳說至遲在西周穆王時已經存在（《逸周書・嘗麥》），到春秋中期中葉之際，他的世系也出現了。在這些比較初始的傳說中，黃帝的事蹟總是與另一位古帝炎帝相關。蓋黃帝與炎帝同為少典之後，「黃帝為姬，炎帝為姜」（《國語・晉語四・文公在狄十二年》），若堯舜禹皆黃帝之後，四岳則炎帝之後（《魯語上・海鳥曰爰居》），故太子晉謂往古興衰者「皆黃、炎之後也」（《周語下・靈王二十二年穀洛鬪》）。孔子答宰我問「黃帝三百年」事綜合了上述各種文獻的記載（《大戴禮記・五帝德》），但其修《尚書》始於唐虞沒有始於黃帝，「祖述堯舜」沒有祖述黃帝，所以黃帝傳說在戰國前期儒、墨兩家的著述中皆提到的不多。不過到了戰國中期，田齊突然標榜「高祖黃帝」，黃帝傳說開始在諸子學說中變得重要起來，尤其戰國後期的文獻中出現了大量依託黃帝的傳說或寓言，甚至出現了依託黃帝的專門著述（《漢書・藝文志》）。對於那些依託於黃帝闡發治道的專門著述〔註 1〕，不妨稱之為「黃帝之學」，是為漢初「黃老學」的主要思想淵源。本章擬分為四個部分來考察先秦文獻中黃帝傳說到「黃帝之學」的演變：第一部分探討田齊「高祖黃帝」的原因及影響，第二部分考察《莊子》中的黃帝傳說及其思想內涵，第三部分考察馬王堆漢墓帛書《十大經》中的黃帝傳說及其思想內涵，第四部分則探討「黃帝之學」的形成及其與漢初「黃老學」的思想淵源。下面就逐步展開考察和討論。

〔註 1〕 本章只考察先秦文獻中那些有政治思想史意義的黃帝傳說，而排除了醫術養生等方面的內容。

一、田齊「高祖黃帝」

《陳侯因𦻐敦銘》有云：「其惟因𦻐，揚皇考昭統，高祖黃帝，邇嗣桓文。」因𦻐即齊威王，銘文稱陳侯，當作於齊威稱王之前。陳侯因𦻐祭父桓公午，云要發揚皇考的功業，「高則祖述黃帝，邇則承嗣桓文」。「高」有遠義，「邇」可讀為邁，蓋齊威欲邁嗣齊桓晉文以霸，遠祖黃帝以王也〔註2〕。田齊本陳之庶孽，陳奉虞帝之祀（《左傳‧昭八年》「史趙語」），虞舜為儒墨所表章，齊威何以不高祖虞舜而「高祖黃帝」呢？或者說黃帝何以成為了田齊意欲效法的「古帝」呢？其中的原因當從其時存在的黃帝傳說中去尋找。

（一）傳說中的黃帝功業

在傳世與出土的先秦文獻中，黃帝傳說最早見於《逸周書‧嘗麥》篇，其文記周穆王「命大正正刑書」而誥曰：

> 昔天之初，誕作二后，乃設建典。命赤帝分正二卿，命蚩尤宇于少昊，以臨四方，司□□上天未成之慶。蚩尤乃逐帝，爭于涿鹿之河，九隅無遺。赤帝大懾，乃說于黃帝，執蚩尤殺之于中冀，以甲兵釋怒，用大正順天，思序紀于大帝，用名之曰絕轡之野。乃命少昊清司馬鳥師，以正五帝之官，故名曰質，天用大成，至于今不亂。

這段文字記述了黃帝紹赤帝而誅蚩尤的傳說。《爾雅》曰：誕，「大也」（《釋詁》）；作，「為也」（《釋言》）。「二后，當作元后。」〔註3〕元后，「大君」也〔註4〕。典，「常也」（《爾雅‧釋詁》）。「乃設建典」，蓋謂天為民立元后，元后設立常法以為民則也。赤帝即是一位元后，分置二卿，蓋如黃帝「置左右大監」以監萬國之事也（《史記‧五帝本紀》）。「宇」訓隸，「四方」當作西方〔註5〕。赤帝命「少昊治西方，蚩尤佐之」（《越絕書‧計倪內經》）。蚩尤作

〔註2〕　郭沫若著：《兩周金文辭大系圖錄考釋（二）》，郭沫若著作編輯出版委員會編
　　　　《郭沫若全集：考古編》第八卷，第464～465頁。徐中舒先生釋「高祖黃帝」
　　　　為「稱黃帝為其高祖」，則無以與「邇嗣桓文」之義對應，不若郭釋義長。徐
　　　　中舒著：《徐中舒歷史論文選輯》上冊，第432頁。

〔註3〕　〔清〕朱右曾撰，嚴可均輯，林春溥撰：《逸周書集訓校釋》，第165頁。

〔註4〕　《尚書正義》卷十一《泰誓上第一》「作元后」傳，〔清〕阮元校刻《十三經
　　　　注疏》上冊，第180頁中。

〔註5〕　劉師培撰：《周書補正》卷五《嘗麥解第五十六》，劉師培著《劉申叔遺書》
　　　　上冊，南京：江蘇古籍出版社，1997年十1月，第767頁下。

亂，逐赤帝戰於涿鹿之河。「九隅，九方也。無遺，言受其荼毒，靡有子遺也。」〔註6〕「懾猶怯惑。」〔註7〕「說蓋作稅，稅誼同脫，猶言以天下委於黃帝也。」〔註8〕《越絕書》曰：「炎帝有天下以傳黃帝。」（《計倪內經》）赤帝怖於蚩尤，乃禪於黃帝，於是黃帝擒殺蚩尤於中冀。「釋怒，釋民之怒。甲兵，刑之大者。黃帝始以兵定天下，故首溯之。」〔註9〕《國語》曰：「大刑用甲兵。」（《魯語上‧溫之會晉人執衛成公》），穆王命大正「正刑書」而追述黃帝誅殺蚩尤之事，以甲兵爲大刑，黃帝首用之故也。黃帝既誅蚩尤而紹赤帝，乃命少昊清「正五帝之官」，蓋亦有正刑書之事也。這段傳說其實包含三件事情，即黃帝紹赤帝而擒殺蚩尤，又命少昊清「正五帝之官」，其中黃帝用甲兵擒殺蚩尤事是穆王稱述這段傳說的中心，蓋追述刑之所由生也。

　　《逸周書‧嘗麥篇》中的黃帝、赤帝實指上古的兩位「古帝」，不過在文獻中可能有時又指代兩位「古帝」的氏族。赤帝又稱炎帝，《國語》記有黃帝、炎帝「用師以相濟」的傳說：

> 是昔少典娶于有蟜氏，生黃帝、炎帝。黃帝以姬水成，炎帝以姜水成。成而異德，故黃帝爲姬，炎帝爲姜。二帝用師以相濟也，異德之故也。（《晉語四‧文公在狄十二年》）

　　黃帝、炎帝同是少典氏之後。「成，謂所生長以成功也。」〔註10〕黃帝生長成功於姬水，炎帝生長成功於姜水，所生長以成功者異，故一姓姬一姓姜。故《國語》反曰：「異姓則異德」，「同姓則同德」（《晉語四‧文公在狄十二年》）也。二帝異德，所以「用師以相濟」。濟，「當爲擠」，「滅也」〔註11〕。「用師以相濟」蓋謂黃帝、炎帝用兵以相征伐也。黃帝與赤帝或曰炎帝相攻伐的傳說，亦見於其它先秦文獻的記載。如《左傳》卜偃爲晉文公卜吉，「遇黃帝戰于阪泉之兆」（《僖二十五年》），斯正上文「二帝用師以相濟」之事，黃帝與炎帝戰於阪泉也。孔子云黃帝「教熊羆貔豹虎，以與赤帝戰于版泉之野，三戰，然後得行其志」（《五帝德》）。王氏曰：「赤帝者，

〔註6〕　〔清〕陳逢衡撰：《逸周書補注》卷十五《嘗麥解》，道光乙酉桼本。
〔註7〕　《禮記正義》卷一《曲禮上第一》「則志不懾」注，〔清〕阮元校刻《十三經注疏》上冊，第1231頁下。
〔註8〕　劉師培撰：《周書補正》卷五《嘗麥解第五十六》，劉師培著《劉申叔遺書》上冊，第767頁下。
〔註9〕　〔清〕朱右曾撰，嚴可均輯，林春溥撰：《逸周書集訓校釋》，第166頁。
〔註10〕　徐元誥撰：《國語集解（修訂本）》，第337頁。
〔註11〕　徐元誥撰：《國語集解（修訂本）》，第337頁。

炎帝神農之後也。」〔註12〕

《孫子兵法》中又有黃帝伐「四帝」的說法，曰：「凡此四軍之利，黃帝之所以勝四帝也。」（《行軍篇》）「四帝」即南方赤帝、東方□帝、北方黑帝和西方白帝〔註13〕：

> 孫子曰：〔黃帝南伐〕赤帝，〔至於□□〕，戰於反山之原，右陰，順術，背衝，大滅有之。〔□年〕休民，熟穀，赦罪。東伐□帝，至於襄平，戰於平□，右陰，順術，背衝，大滅〔有之。□〕年休民，熟穀，赦罪。北伐黑帝，至於武隧，戰於□□，右陰，順術，〔倍衝，大威有之。□年休民，孰穀，赦罪〕。西伐白帝，至於武剛，戰於〔□□，右陰，順術，倍衝，大威有〕之。已勝四帝，大有天下，暴者……以利天下，天下四面歸之。

注曰：「反山之原當即阪泉」，「反」通阪，「原」通泉〔註14〕。「東伐□帝」，按南、北、西分別曰赤帝、黑帝、白帝，此□似當為「青」，然注者云竹簡殘字不似「青」，故惟待考〔註15〕。《春官宗伯第三‧大宗伯》曰：「以玉作六器，以禮天地四方，以蒼璧禮天，以黃琮禮地，以青圭禮東方，以赤璋禮南方，以白琥禮西方，以玄璜禮北方。」《春秋文耀鉤》曰：「東方青帝靈威仰，南方赤帝赤奮若，中央黃帝含樞紐，西方白帝白招拒，北方黑帝汁光紀。」〔註16〕黃帝伐「四帝」之說於先秦文獻唯一見於《孫子兵法》，是孫子言黃帝之能用兵也。所謂「右陰，順術，背衝」，皆黃帝伐四帝用兵布陳之勢也。

上面有關黃帝用兵的傳說已經出現了三種說法，一曰擒殺蚩尤，一曰與炎帝戰，一曰伐四帝，不過戰國文獻中則既不見有黃帝伐四帝的記載，亦不再見有黃帝與炎帝戰的傳說，而多稱黃帝戰蚩尤之事。如《孫臏兵法‧見威

〔註12〕〔清〕王聘珍撰：《大戴禮記解詁》，北京：中華書局，1983 年 3 月，第 118 頁。

〔註13〕《孫子兵法‧黃帝伐赤帝》，銀雀山漢墓竹簡整理小組編《銀雀山漢墓竹簡（壹）》，第 32 頁。「〔 〕」中字句為整理者所補，「□」代表不能辨識的文字，不能確定闕佚字數的用「……」代替。為了簡洁，只抄錄釋讀的文字。

〔註14〕注 2，《孫子兵法‧黃帝伐赤帝》，銀雀山漢墓竹簡整理小組編《銀雀山漢墓竹簡（壹）》，第 32 頁。

〔註15〕注 5，《孫子兵法‧黃帝伐赤帝》，銀雀山漢墓竹簡整理小組編《銀雀山漢墓竹簡（壹）》，第 33 頁。

〔註16〕阮氏《校勘記》曰：「浦鏜云：奮若當燸怒之誤。」《周禮注疏》卷第六《天官蒙宰第一‧掌次》，〔清〕阮元校刻《十三經注疏》上冊，第 677 頁上、680 頁下。

王》曰「黄帝戰蜀祿」，注云「蜀祿即涿鹿」〔註17〕。《戰國策》曰：「黄帝伐涿鹿而禽蚩尤」（《秦一・蘇秦始將連橫說秦惠王》），「黄帝戰於涿鹿之野」（《魏二・秦召魏相信安君》）。《莊子・盜跖》篇云：「然而黄帝不能致德，與蚩尤戰於涿鹿之野，流血百里。」「黄帝尙不能全德，而戰涿鹿之野，流血百里。」帛書《十六經》中的《五正》、《正亂》亦兩記黄帝擒殺蚩尤的傳說〔註18〕。蓋古史渺茫，傳說異辭耶？《史記》似調和其說而云黄帝擒殺蚩尤亦服赤帝：

> 軒轅之時，神農氏世衰。諸侯相侵伐，暴虐百姓，而神農氏弗能征。於是軒轅乃習用干戈，以征不享，諸侯咸來賓從。而蚩尤最爲暴，莫能伐。炎帝欲侵陵諸侯，諸侯咸歸軒轅。軒轅乃修德振兵，治五氣，蓺五種，撫萬民，度四方，教熊羆貔貅貙虎，以與炎帝戰於阪泉之野。三戰，然後得其志。蚩尤作亂，不用帝命。於是黄帝乃徵師諸侯，與蚩尤戰於涿鹿之野，遂禽殺蚩尤。而諸侯咸尊軒轅爲天子，代神農氏，是爲黄帝。（《五帝本紀》）

　　蓋在神農氏之末，黄帝與炎帝、蚩尤並時，炎帝侵陵諸侯，故與黄帝有阪泉之戰，蚩尤不用帝命，故黄帝「遂禽殺」之，黄帝最終代神農氏爲天子。黄帝本曰軒轅，是神農氏之諸侯，服炎帝擒殺蚩尤而有天下。所謂「代神農氏」，蓋謂受神農氏之禪而爲天子也，其天下之號曰黄帝。張晏曰：「以火德王，故號曰炎帝。作耒耜，故曰神農。」又曰：「以土德王，故號曰黄帝。作軒冕之服，故謂之軒轅。」（《漢書・古今人表》）賈侍中曰：「炎帝，神農也。」韋昭曰：「神農，三皇也，在黄帝前。黄帝滅其子孫耳，明非神農可知也。」〔註19〕杜氏曰：「黄帝與神農之後姜氏戰于阪泉之野。」〔註20〕索隱曰：「世衰，謂神農氏後代子孫道德衰薄，非指炎帝之身，即班固所謂『參盧』，皇甫謐所云『帝榆罔』是也。」〔註21〕按《帝王世紀》，神農氏凡八世及帝榆

〔註17〕　《孫臏兵法・見威王》，銀雀山漢墓竹簡整理小組編《銀雀山漢墓竹簡（壹）》，第48、49頁。

〔註18〕　《老子乙本卷前古佚書・十六經》，國家文物局古文獻研究室編《馬王堆漢墓帛書（壹）》，北京：文物出版社，1980年3月，第65、67頁。

〔註19〕　徐元誥撰：《國語集解（修訂本）》，第336頁。

〔註20〕　《春秋左傳正義》卷十六《僖二十五年》，〔清〕阮元校刻《十三經注疏》下冊，第1820頁下。

〔註21〕　注1，〔漢〕司馬遷撰，〔宋〕裴駰集解，〔唐〕司馬貞索隱，〔唐〕張守節正義：《史記》第一冊，第3～4頁。

罔，與黃帝並世。「蚩尤氏強，與榆罔爭王於涿鹿之阿。」又曰「黃帝於是乃
擾馴猛獸，與神農氏戰于阪泉之野，三戰而克之，又徵諸侯，使力牧、神皇
直討蚩尤氏，擒之於涿鹿之野……」「神農氏衰，蚩尤氏叛，不用帝命，黃帝
於是脩德撫民……諸侯咸叛神農而歸之，討蚩尤氏，禽之于涿鹿之野。諸侯
不服者，從而征之，凡五十二戰而天下大服。」〔註22〕至《路史・禪通紀》
乃疏云蚩尤炎帝之後，「纂號炎帝」〔註23〕，陳氏《竹書紀年集證》復證其說
〔註24〕，皆欲調和文獻中所載黃帝與炎帝戰而擒殺蚩尤之傳說的牴牾。

　　且不必糾結於上述各種記載的牴牾，從幾則傳說中可以看出它們其實都
包含了一項共同的內容，即黃帝是以征伐王天下者。當然先秦文獻中關於黃
帝的功業遠非止於用兵征伐，還有「成命百物，以明民共財」之功（《國語・
魯語上・海鳥曰爰居》），《大戴禮記・五帝德》、《周易・繫辭》中皆有概述。
然與堯舜的傳說相比較，黃帝之功業更著者仍是他服炎帝、殺蚩尤、兼諸侯
而鼎定天下的事蹟，若《五帝德》云亦其「教熊羆貔豹虎，以與赤帝戰于版
泉之野，三戰然後得行其志」，《繫辭》云其「弦木為弧，剡木為矢，弧矢之
利，以威天下」，《戰國策》云其「內行刀鋸，外用甲兵」（《趙二・武靈王平
晝間居》），《管子・地數》云其「一歲兼諸侯十二」，所以《孫子兵法》將之
視為用兵的典範。

（二）田齊的「高祖黃帝」

　　黃帝以征伐取得天下，或是孔子很少稱頌他的一個重要原因。這一推測
可以由孔子對於《韶》和《武》的評價上獲得理解。《論語》曰：「子謂《韶》，
『盡美矣，又盡善也』。謂《武》，『盡美矣，未盡善也』」（《八佾》）。《韶》是
舜樂，《武》是武王之樂，「舜紹堯致治，武王伐紂救民，其功一也，故其
樂皆盡美。然舜之德，性之也，又以揖遜而有天下；武王之德，反之也，又
以征誅而得天下，故其實有不同者」〔註25〕。孔子不許《武》之盡善，以武
王有征誅之事也。由此而論，孔子之所以不祖述黃帝者亦明矣。然則黃帝行
征誅亦時宜之事，孔子固不崇尚武力，亦不非黃帝之功烈，故託於其人其

〔註22〕　徐宗元輯：《帝王世紀輯存》，第 10、13、15～16 頁。
〔註23〕　〔宋〕羅泌撰：《路史》卷十三《後紀四・禪通紀・炎帝紀下・蚩尤傳》「興
　　　　　封禪號炎帝」疏，清文淵閣《四庫全書》本。
〔註24〕　〔清〕陳逢衡撰：《竹書紀年集證》卷一《黃帝軒轅氏》，清嘉慶襄露軒刻本。
〔註25〕　〔宋〕朱熹撰：《論語集注》卷二《八佾第三》，〔宋〕朱熹撰《四書章句集注》，
　　　　　第 68 頁。

事久遠難言耶？曰：「夫黃帝尚矣，女何以爲？先生難言之。」（《大戴禮記·
五帝德》）太史公亦曰：「學者多稱五帝，尚矣。然《尚書》獨載堯以來；而
百家言黃帝，其文不雅馴，薦紳先生難言之。」（《史記·五帝本紀》）索隱
曰：「尚，上也，言久遠也。」正義曰：「馴，訓也。謂百家之言皆非典雅之
訓。」〔註26〕

　　黃帝用兵定天下，孔子不祖述黃帝，墨子亦不道黃帝，孔、墨之不表章
而田齊則「高祖」矣。《陳侯因資敦銘》曰〔註27〕：

　　　　惟正六月癸未，陳侯因資曰：「皇考孝武桓公，恭哉！大謨克成。
　　其惟因資，揚皇考昭統，高祖黃帝，邇嗣桓文，朝問諸侯。答揚厥
　　德，諸侯寅薦吉金，用作孝武桓公祭器敦，以蒸以嘗，保有齊邦。
　　葉萬子孫，永爲典常。」〔註28〕

　　此篇銘文蓋爲齊威王作於稱王之前，故曰「陳侯」。「皇考孝武桓公」即
威王之父田齊桓公午。所謂「大謨克成」者，蓋指周烈王元年（公元前 375
年）田午弒田侯剡自立爲公之事〔註29〕。揚，「續也」（《爾雅·釋詁》）。此銘
是威王祭祀皇考之文，故曰紹續桓公之「昭統」，遠祖黃帝而近法齊桓晉文。
《周禮》曰：「凡諸侯之邦交，歲相問也，殷相聘也，世相朝也。」（《秋官·
大行人》）注曰：「凡君即位，大國朝焉，小國聘焉。」〔註30〕蓋「朝」「問」
皆可用於諸侯之間的交往。此云「朝問諸侯」，蓋即威王初即位諸侯來賀時事
耶？或只是要表明田齊已得到諸侯的認可，取得了相應的「國際地位」，故祭
告皇考而銘功。「答揚」，《書·顧命》有「用荅揚文武之光訓」，傳云「用對
揚聖祖文武之大教」〔註31〕，則「答揚」即「對揚」也。揚，舉也（《史記·
五帝本紀》）。「答揚厥德」，蓋謂諸侯對舉田齊之德也。薦，「進也」（《爾雅·

〔註26〕 注 2、3，〔漢〕司馬遷撰，〔宋〕裴駰集解，〔唐〕司馬貞索隱，〔唐〕張守節
　　　　正義：《史記》第一冊，第 47 頁。
〔註27〕 爲了簡洁，只抄錄釋讀文字。郭沫若著：《兩周金文辭大系圖錄考釋（二）》，
　　　　郭沫若著作編輯出版委員會編《郭沫若全集：考古編》第八卷，第 464 頁。
〔註28〕 「寅」、「葉」二字據徐中舒先生釋讀。見徐中舒著：《徐中舒歷史論文選輯》
　　　　上冊，第 412 頁。
〔註29〕 注 2「索隱」引《紀年》，〔漢〕司馬遷撰，〔宋〕裴駰集解，〔唐〕司馬貞索隱，
　　　　〔唐〕張守節正義：《史記》第一冊，第 1887 頁。
〔註30〕 《周禮注疏》卷三十七《秋官·大行人》，〔清〕阮元校刻《十三經注疏》上
　　　　冊，第 893 頁上。
〔註31〕 《尚書正義》卷十八《顧命第二十四》，〔清〕阮元校刻《十三經注疏》上冊，
　　　　第 240 頁下。

釋詁》）。諸侯「答揚厥德」故進吉金而威王作爲祭器，其下皆是威王祭祀祝福之文，求皇考保佑其邦國子孫罔替也。

銘文最後曰：「葉萬子孫，永爲典常。」考銘中可爲典常者唯「高祖黃帝，邇嗣桓文」一語，蓋威王祭祖而兼誡後世子孫也。齊桓晉文是春秋時期有名的霸主，「邇嗣桓文」當然是要爭霸。而黃帝本神農氏之伯而代王，那麼「高祖黃帝」也就是既霸之後再代周王天下了。按照錢穆先生的考證，孟子於威王之世已曾遊於齊〔註32〕，然其時孟子名不顯者，蓋以齊王「高祖黃帝」而儒家「祖述堯舜」，孟子不得暢其論乎？馮友蘭先生云齊威「高祖黃帝」在於「治身（養生）」〔註33〕，實是失於對當時之黃帝傳說的考察。齊威王「高祖黃帝」蓋祖其以伯用兵王天下也，孫臏見威王有「黃帝戰蜀祿」之語〔註34〕，孫臏、田忌皆顯於威王之時，曾爲齊兩次大敗魏國，確立了田齊在當時的霸主地位並因而稱王。

不過，田齊之「高祖黃帝」在學術上的影響要比政治的上影響滯後一些。一般認爲《管子》一書是稷下學者編撰寫成，桓公午創立稷下的目的就是讓學者爲齊的治理和爭霸王天下的事業提供歷史經驗和理論上的建議〔註35〕，然而《管子》中那些大致形成於稷下初期約當桓、威之世的篇章卻未一及黃帝，也許是因爲當時田齊的政治目標還處於「邇嗣桓文」的階段，或者是「高祖黃帝」之簡單明白的內涵不容學者們有更多的發揮依託。到了宣、湣之世，田齊既已霸，要爲「高祖黃帝」的目標奮鬥了，稷下學者似乎也開始了更多地關注黃帝傳說，文獻中乃有依託於黃帝而闡發治國思想的議論出現。

1. 稷下中期作品中的黃帝傳說

《管子》中若《法法》、《五行》、《任法》、《封禪》、《桓公問》諸篇大致皆寫成於宣湣之世，當戰國中期後葉至後期前葉之際〔註36〕。《法法》篇將黃帝與唐、虞並稱「帝之隆」，而強調重兵的傳統。《任法》篇云黃帝治天下「置法而不變，使民安其法」。《封禪》云「黃帝封泰山，禪亭亭」。《五行》和《桓

〔註32〕 錢穆撰：《先秦諸子繫年》七六《孟子不列稷下考》，第272頁。
〔註33〕 馮友蘭著：《中國哲學史新編》上冊，北京：人民出版社，1998年12月，第499頁。
〔註34〕 《孫臏兵法‧見威王》，銀雀山漢墓竹簡整理小組編《銀雀山漢墓竹簡（壹）》，第48頁。
〔註35〕 錢穆撰：《先秦諸子繫年》七五《稷下通考》，第269頁。
〔註36〕 鞏曰國：《〈管子〉成書與流傳研究》，山東大學博士論文，2004年4月。

公問》兩篇則稱頌黃帝能夠任賢而治。《五行》曰：「黃帝澤參，治之至也。」「澤者，所以擇士也。」（《禮記·射義》）「澤參」，謂擇士而參之也〔註37〕。茲云黃帝能擇士而參之，是治之至也。《桓公問》曰：「黃帝立明臺之議者，上觀於賢也。」「上觀於賢」是黃帝「有而勿失，得而勿忘」之道。那麼黃帝是如何「澤參」「觀於賢」的呢？《五行》篇中其實有更詳細的記述：

> 昔者黃帝得蚩尤而明於天道，得大常而察於地利，得奢龍而辯於東方，得祝融而辯於南方，得大封而辯於西方，得后土而辯於北方。黃帝得六相而天地治，神明至。蚩尤明乎天道，故使爲當時。大常察乎地利，故使爲廩者。奢龍辨乎東方，故使爲土師，祝融辨乎南方，故使爲司徒。大封辨於西方，故使爲司馬。后土辨乎北方，故使爲李。是故春者土師也，夏者司徒也，秋者司馬也，冬者李也。昔黃帝以其緩急作五聲，以政五鍾。令其五鍾：一曰青鍾，大音。二曰赤鍾，重心。三曰黃鍾，洒光。四曰景鍾，昧其明。五曰黑鍾，隱其常。五聲既調，然后作立五行，以正天時，五官以正人位。人與天調，然后天地之美生。

黃帝選擇了六人參而治之：其一是蚩尤，蚩尤能「明於天道」，故使之爲「當時」之官，蓋使「厤象日月星辰，敬授民時」也。此蚩尤不必同於黃帝擒殺之蚩尤，或即「風后」也〔註38〕。其二是大常，大常能「察乎地利」，故黃帝使之爲「廩者」。「廩」指倉廩，《周禮·大司徒》之屬有「廩人」，「掌九穀之數，以待國之匪頒，賙賜稍食」等。「廩者」，蓋主收藏五穀之官也。其三是奢龍，因其能「辨乎東方」，故使之爲「土師」，蓋當春主播種也。辨，「判也」（《說文·刀部》）。其四是祝融，能判南方，故以爲司徒，蓋當夏主徒役也。其五是大封，能判乎西方，故以爲司馬，蓋當秋主軍事也。其六是后土，能判乎北方，故以爲李，即士師，蓋當多主刑罰也。此天地春夏秋多六官與《周禮》異稱。《大傳》曰：「萬物非天不生，非地不載，非春不動，非夏不長，非秋不收，非多不藏。」〔註39〕蓋黃帝所以爲天地春夏秋多六官耶？「政者，正也。」（《論語·顏淵》）黃帝既立六相，又以政之緩急作爲宮商角徵羽

〔註37〕　注 11、12，黎翔鳳撰：《管子校注》中冊，北京：中華書局，2004 年 6 月，第 864～865 頁。

〔註38〕　注 4，黎翔鳳撰：《管子校注》中冊，第 866 頁。

〔註39〕　〔漢〕伏勝撰，〔漢〕鄭玄注，〔清〕陳壽祺輯校：《尚書大傳》卷一《唐傳·堯典》。

五聲正「五鍾」。《樂記》曰：「聲音之道，與政通矣。宮爲君，商爲臣，角爲民，徵爲事，羽爲物，五者不亂，則無怗懘之音矣。」（《禮記》）五聲既已調和，復始立五行以正天時，立五官以正人位。人與天相協和，故天地之美應生。「作，始也。」〔註40〕調，「和也」（《說文·言部》）。五行，水、火、木、金、土（《尚書·洪範》）。《逸周書·嘗麥》曰：「乃命少昊清司馬鳥師，以正五帝之官」，蓋即作立五官以正人位之事也。《左傳》云「有五行之官，是謂五官」，木正、火正、金正、水正、土正是也（《昭二十九年》）。《淮南子》曰：「何謂五官？東方爲田，南方爲司馬，西方爲理，北方爲司空，中央爲都。」（《天文訓》）蓋黃帝以五行而置五官，五官所以正人位也。

2. 稷下後期作品中的黃帝傳說

《管子》中的《地數》、《揆度》、《國准》、《輕重戊》諸篇約是寫成於戰國後期前中葉之際，亦即齊襄王、齊王建之世的文獻〔註41〕。這幾篇都是討論國家經濟政策的文章，所以其依託的黃帝傳說也皆以國家經濟政策爲內容。《地數》篇記述的最詳細：

> 黃帝問於伯高曰：「吾欲陶天下而以爲一家，爲之有道乎？」伯高對曰：「請刈其莞而樹之，吾謹逃其蚤牙，則天下可陶而爲一家。」黃帝曰：「此若言可得聞乎？」伯高對曰：「上有丹沙者，下有黃金。上有慈石者，下有銅金。上有陵石者，下有鉛錫赤銅。上有赭者，下有鐵。此山之見榮者也。苟山之見其榮者，君謹封而祭之，距封十里而爲一壇，是則使乘者下行，行者趨。若犯令者，罪死不赦。然則與折取之遠矣。」脩教十年，而葛盧之山發而出水，金從之，蚩尤受而制之，以爲雍狐之戟芮戈，是歲相兼者諸侯十二。

這段傳說是管子答桓公問「地數」所稱述，張佩倫認爲當在「請問天財所出地利所在管子對曰」以下，且與下文衍亂，郭沫若先生則認爲乃後人錄它書之文字的注釋摻入正文者〔註42〕。伯高蓋黃帝之臣或師友。「陶即陶冶之陶」〔註43〕，「陶天下爲一家」即王天下。黃帝問伯高「陶天下爲一家」之道

〔註40〕《毛詩正義》卷二十之一《魯頌·駉》「思馬斯作」傳，〔清〕阮元校刻《十三經注疏》上冊，第 610 頁上。

〔註41〕鞏日國：《〈管子〉成書與流傳研究》，山東大學博士論文，2004 年 4 月。

〔註42〕郭沫若、聞一多、許維遹撰：《管子集校》下冊，北京：科學出版社，1966年 3 月，第 1145 頁。

〔註43〕注 7，馬非百著：《管子輕重篇新詮》下冊，北京：中華書局，1979 年 12 月，

其實是欲王天下也。伯高告之曰「刈其莞而樹之，吾謹逃其蚤牙」方可。對於這句話的理解，歷來注家眾說紛紜，考察上下文義與本篇主旨，似以馬非百先生的說法更爲合理。刈，或作「乂」，「芟艸也」（《說文》）。莞，「艸也」（《說文》）。樹，即「樹表置高」（《山權數》）之義，「謂樹立標記作爲界限」〔註44〕。「蚤牙」蓋比喻兵器和錢幣，「蚤牙」之於野獸猶兵器、錢幣之於人也。「刈其莞而樹之，吾謹逃其蚤牙」者，蓋謂斬草封山，擅山林之利〔註45〕。由下文來看，所謂山林之利就是金屬礦藏等，伯高接著講述了辨別礦山的方法。《淮南子·說林訓》曰：「銅英青，金英黃，玉英白。」任林圃曰：「『英』猶榮，皆以草木之華榮喻礦藏之鑛苗也。」〔註46〕伯高建議黃帝將那些礦山皆封而祭之，使人無犯。黃帝按照伯高的意見去做，十年而葛盧之山出金，蚩尤受而作兵，一歲兼并十二諸侯。教，「上所施下所效也」（《說文·教部》）。「脩教十年」，謂封山而祭之十年也。

　　按伯高所論，所謂「刈其莞而樹之」就是擅山林之利，能擅山林之利所以「吾謹逃其蚤牙」，然後天下可陶而爲一家也，故《揆度》、《國准》皆云「黃帝之王，謹逃其爪牙」。《輕重戊》曰：「黃帝作，鑽燧生火，以熟葷臊，民食之，無茲胃之病，而天下化之。黃帝之王，童山竭澤。」「黃帝作」者，注家多認爲是「燧人作」之誤，黎氏以爲是黃帝未王時事〔註47〕。考《韓非子·五蠹》篇曰燧人氏「鑽燧取火，以化腥臊」，蓋作「燧人」是也。「山無草木曰童。」（《釋名·釋長幼》）「涸，竭也。」（《爾雅·釋詁》）「童山竭澤」者，謂黃帝之王使山無草木，水澤竭涸也。蓋如「葛盧之山發而出水，金從之」，皆挖掘礦藏所致耶？

　　《管子》中稱述或依託的黃帝傳說不過以上數則，並且都出現在戰國中期中葉以後寫成的篇章中，其時田齊既霸稱王而開始追求王天下的功業，亦即由「侔嗣桓文」轉向「高祖黃帝」，所以無可否認稷下學者著述中的這些新特點一定程度上是受到了田齊基本國策轉變的影響。從諸篇稱述或依託的內容來看，亦皆關乎黃帝王天下之道，正與田齊「高祖黃帝」的意圖相一致。當然，因爲田齊「高祖黃帝」的內涵清晰無疑，所以稷下學者在提供給齊王

　　　　第 406 頁。
〔註44〕注8，馬非百著：《管子輕重篇新詮》下冊，第 406 頁。
〔註45〕注9，馬非百著：《管子輕重篇新詮》下冊，第 406 頁。
〔註46〕注8，黎翔鳳撰：《管子校注》中冊，第 1358 頁。
〔註47〕注3，黎翔鳳撰：《管子校注》下冊，第 1510 頁。

的著述也就不能對黃帝傳說有太多的發揮，雖其中不免摻入一些時代思潮的因素，亦終不得有違黃帝以兵王天下的「古帝」形象。然而，稷下學者著述不必皆奉田齊，天下學者亦不必皆食於稷下，戰國後期竟形成了依託黃帝立論的學術風氣。

二、「莊學」中的黃帝傳說

此處所謂「莊學」是指以《莊子》爲代表的那個思想學術體系。《莊子》一書是莊子學派著作的結集，其中「內篇」七篇是莊子本人的著述，「外篇」「雜篇」是莊子後學的著述。莊子大致與孟子同時，那麼他的著述當大致寫成於戰國中期後葉至戰國後期前葉這段時期〔註48〕。而外、雜篇的寫成時間當在戰國後期，但亦不會遲於戰國之世〔註49〕。莊子的著述中只有《大宗師》篇偶稱及黃帝，曰：「黃帝得之，以登雲天。」黃帝所得之者，道也。莊子闡釋「道」的意義和玄妙，歷數天地日月星辰與往古聖賢得道之妙者而云黃帝，屬於依託之文。或云《齊物論》篇「皇帝之所聽熒也」一語中之「皇帝」二字「本亦有作黃字者」，「聽熒，疑惑不明之貌也」〔註50〕，則是說的黃帝未得道時情形。對黃帝傳說更多的依託或附會在《莊子》的外、雜篇中，下面分爲「述莊」、「融合」與「無君」三派來考察〔註51〕。

（一）「述莊派」的黃帝傳說

「述莊派」的作品是《莊子》外、雜篇中年代較早的一類，繼承和闡發了內篇的思想，「對莊子的本根論、眞知論，齊物論都有較爲細密的闡述，對莊子的人生論等思想也有所發揮」，當然對莊子的思想「也有所改造和發展」，但並「沒有重要突破，基本上是述而不作」〔註52〕。這一派的作品中有《山

〔註48〕 錢穆先生考證莊子生年當在周顯王元年至十年間，其卒當在周赧王二十六至三十六年間（錢穆撰：《先秦諸子繫年》八八《莊周生卒考》，第312～314頁），也即生於公元前368年至359年間，卒於公元前289年至279年間，那麼其從事學術活動的年代作保守的估計亦當在公元前329年至公元前289年那段時期，當於戰國中期後葉至戰國後期前葉之際。
〔註49〕 劉笑敢著：《莊子哲學及其演變》，北京：中國社會科學出版社，1988年2月。
〔註50〕 注1，〔清〕郭慶藩撰：《莊子集解》上冊，第99頁。
〔註51〕 劉笑敢先生將《莊子》外、雜篇的作品分爲「述莊」、「黃老」與「無君」三派，「黃老」一語實是借用漢代的說法，本章第四節將討論黃帝傳說與「黃老之學」的關係，爲避免混淆起見，故根據劉氏所謂「黃老派」的特點而姑改稱爲「融合派」。見劉笑敢著：《莊子哲學及其演變》。
〔註52〕 劉笑敢著：《莊子哲學及其演變》，第263頁。

木》、《田子方》、《知北遊》和《徐無鬼》等篇稱及黄帝，然若《山木》云「乘道德而浮遊」是神農黄帝之法則，《田子方》云古之眞人「伏戲黄帝不得友」，只是託黄帝之名高尙其說，並無有實際的思想內容。眞正依託或曰附會黄帝傳說進行思想闡發的是《知北遊》和《徐無鬼》兩篇文獻。

《知北遊》依託知問「何思何慮則知道？何處何服則安道？何從何道則得道？」無爲謂「不知答」，狂屈「中欲言而忘其所欲言」，乃反於帝宮見黄帝而問焉。其文如下：

> 黄帝曰：「無思無慮始知道，無處無服始安道，无從無道始得道。」知問黄帝曰：「我與若知之，彼與彼不知也，其孰是耶？」黄帝曰：「彼無爲謂眞是也，狂屈似之；我與汝終不近也。夫知者不言，言者不知，故聖人行不言之教。道不可致，德不可至。仁可爲也，義可虧也，禮相僞也。故曰：『失道而後德，失德而後仁，失仁而後義，失義而後禮。禮者，道之華而亂之首也。』故曰，『爲道者日損，損之又損之以至於無爲，無爲而無不爲也。』今已爲物也，欲復歸根，不亦難乎！其易也，其唯大人乎！生也死之徒，死也生之始，孰知其紀！人之生，氣之聚也；聚則爲生，散則爲死。若死生爲徒，吾又何患！故萬物一也，是其所美者爲神奇，其所惡者爲臭腐；臭腐復化爲神奇，神奇復化爲臭腐。故曰『通天下一氣耳。』聖人故貴一。」知謂黄帝曰：「吾問無爲謂，無爲謂不應我，非不我應，不知應我也。吾問狂屈，狂屈中欲告我而不我告，非不我告，中欲告而忘之也。今予問乎若，若知之，奚故不近？」黄帝曰：「彼其眞是也，以其不知也；此其似之也，以其忘之也；予與若終不近也，以其知之也。」

知的問題是什麼呢？無爲謂爲何「不知答」？狂屈爲何「中欲言而忘其所欲言」？黄帝爲何又那樣回答？知其實問了三個問題，即如何「知道」，如何「安道」，如何「得道」。所謂「安道」是指「安心契道」〔註53〕。問題的核心在於「道」是什麼？考《大宗師》曰：「有情有信，無爲無形；可傳而不可受，可得而不可見；自本自根，未有天地，自古以固存；神鬼神帝，生天生地；在太極之先而不爲高，在六極之下而不爲深，先天地生而不爲久，長於上古而不爲老。」黄帝的回答恰好正是對應了莊子對「道」的這個界定，「道」

〔註53〕 注3，〔清〕郭慶藩撰：《莊子集解》中冊，第730頁。

之可知、可安、可得，但非世俗之所謂知，非世俗之所謂安，非世俗之所謂得，斯所謂「無思無慮始知」，「無處無服始安」，「无從無道始得」也。故黃帝曰無為謂之「不知答」是真正「知道」、「安道」和「得道」者，狂屈「中欲言而忘其所欲言」似於「知道」、「安道」和「得道」者，已應而答之實是未「知道」、「安道」和「得道」也。似，古作「侣」，「像也」（《說文・人部》）。黃帝曰「狂屈似之」者，蓋以狂屈自謂「予知之，將語若」時是未近之也，「中欲言而忘其所欲言」時則已達於「真是」矣。這段傳說或寓言的用意在於說明「道」是可知可安可得而不可言，言則非知非安非得之矣。故黃帝最後曰：「彼其真是也，以其不知也；此其似之也，以其忘之也；予與若終不近也，以其知之也。」狂屈聞之，「以黃帝為知言」。知道無以言，言者實非知，黃帝能言何以知道安道得道，只是「知言」而矣。

《徐無鬼》篇鼓吹返樸歸真，無為而無不為的思想，認為有為則勞形傷性，所以修身的目的「不是改造性或發展性，而是保持性」〔註 54〕。篇中依託黃帝問牧馬童子「為天下」之道正是闡發的這種思想。其文如下：

> 黃帝將見大隗乎具茨之山，方明為御，昌㝢騑乘，張若謵朋前馬，昆閽滑稽後車；至於襄城之野，七聖皆迷，無所問塗。適遇牧馬童子，問塗焉，曰：「若知具茨之山乎？」曰：「然。」「若知大隗之所存乎？」曰：「然。」黃帝曰：「異哉小童！非徒知具茨之山，又知大隗之所存。請問為天下。」小童曰：「夫為天下者，亦若此而已矣，又奚事焉！予少而自遊於六合之内，予適有瞀病，有長者教予曰：『若乘日之車而遊於襄城之野。』今予病少瘁，予又且復遊於六合之外。夫為天下亦若此而已。予又奚事焉！」黃帝曰：「夫為天下者，則誠非吾子之事。雖然，請問為天下。」小童辭。黃帝又問。小童曰：「夫為天下者，亦奚以異乎牧馬者哉！亦去其害馬者而已矣！」黃帝再拜稽首，稱天師而退。

黃帝往見大隗蓋問「為天下」之道也，中迷塗而問於牧馬童子。大隗，或云大道，但由文義似當為一得道之人〔註 55〕。黃帝等問塗於牧馬童子，童子竟知具茨之山與大隗所存，故復問其「為天下」之道。「亦若此而已矣，又奚事焉」者，注謂「各自若則無事矣，無事乃可以為天下也」。疏曰：「奚，

〔註 54〕 劉笑敢著：《莊子哲學及其演變》，第 277 頁。
〔註 55〕 注 1，〔清〕郭慶藩撰：《莊子集解》下冊，第 830 頁。

何也。若，如也。夫欲脩爲天下，亦如治理其身，身既無爲，物有何事！」然後小童乃以己自喻。「六合之內，謂囂塵之裏也。瞀病，謂風眩冒亂也。」〔註56〕小童自言少時累於囂塵之裏而有惑亂也，得長者之教然後知修身之道，「晝作夜息，乘日遨遊，以此安居而逍遙處世」，病得減輕，故復欲遊於心物之外以盡除其病也。治國亦若修身，無所事而已矣。小童所云者，是爲政當無爲而天下自治矣。然爲天下治民非爲政者一人，何以使天下亦自得之耶？故黃帝又問令民自得之道焉。小童乃以牧馬爲喻，曰「去其害馬者而已矣」！注曰：「馬以過分爲害。」疏曰：「害馬者，謂分外之事也。夫治身莫先守分，故牧馬之術，可以養民。」〔註57〕小童蓋諭黃帝勿用仁義禮樂之政化，使民自返其樸歸其眞耳。黃帝聞言拜謝牧童。

上述「述莊派」的兩處依託皆是崇尚那個「道」，其所謂「道」的實質就是無爲，黃帝或知其言而尚未入其域也。

（二）「融合派」的黃帝傳說

「融合派」的作品除《天下》篇較早外，其它諸篇都是《莊子》中寫成年代較晚的文獻，但大體上仍是先秦的作品。這一派的作品所反映的思想內容與「內篇」有重大不同，與「述莊派」、「無君派」也有明顯區別，而「與漢墓黃老帛書的思想特點及司馬談對道家的評述卻基本一致」，它們對待百家之學的態度「從剗剝儒墨」而爲「融合儒法」，對待道與天的關係「從生天生地之道」而爲「法天之道」，對待無爲則「從逍遙無爲」而曰「君無爲而臣有爲」〔註58〕。《莊子》中屬於「融合派」的作品，主要有《在宥》、《天地》、《天道》、《天運》、《繕性》、《天下》諸篇，稱及或依託於黃帝而爲議論。

《在宥》篇開宗明義曰：「聞在宥天下，不聞治天下也。在之也者，恐天下之淫其性也；宥之也者，恐天下之遷其德也。天下不淫其性，不遷其德，有治天下者哉！」「故君子不得已而臨莅天下，莫若無爲。無爲也而後安其性命之情。」主張以「無爲」治天下，非仁義禮樂刑政。故曰「昔者黃帝始以仁義攖人之心」，堯舜於是「愁其五藏以爲仁義，矜其血氣以規法度」，而猶不勝天下。注曰：「夫黃帝非爲仁義也，直與物冥，則仁義之跡自見。跡自見，則後世之心必自殉之，是亦黃帝之跡使物攖也。」疏曰：「黃帝因宜作

〔註56〕 注1、2，〔清〕郭慶藩撰：《莊子集解》下冊，第832頁。
〔註57〕 注2，〔清〕郭慶藩撰：《莊子集解》下冊，第833頁。
〔註58〕 劉笑敢著：《莊子哲學及其演變》，第299、300、304、309頁。

則，慈愛養民，實異偏尙之仁，裁非之義。後代之王，執其軌轍，蒼生名之爲聖，攖人之心自此始也。弊起後王，釁非黃帝。」〔註 59〕蓋以黃帝實肇仁義之端，後世起而效之於是天下不治矣。接著又附會黃帝向廣成子問「至道」之事：

> 黃帝立爲天子十九年，令行天下，聞廣成子在於空同之（上）〔山〕，故往見之，曰：「我聞吾子達於至道，敢問至道之精。吾欲取天地之精，以佐五穀，以養民人，吾又欲官陰陽，以遂羣生，爲之柰何？」廣成子曰：「而所欲問者，物之質也；而所欲官者，物之殘也。自而治天下，雲氣不待族而雨，草木不待黃而落，日月之光益以荒矣。而佞人之心翦翦者，又奚足以語至道！」黃帝退，捐天下，築特室，席白茅，閒居三月，復往邀之。廣成子南首而臥，黃帝順下風膝行而進，再拜稽首而問曰：「聞吾子達於至道，敢問，治身柰何而可以長久？」廣成子蹶然而起，曰：「善哉問乎！來！吾語女至道。至道之精，窈窈冥冥；至道之極，昏昏默默。無視無聽，抱神以靜，形將自正。必靜必清，無勞女形，無搖女精，乃可以長生。目無所見，耳無所聞，心無所知，女神將守形，形乃長生。愼女內，閉女外，多知爲敗。我爲女遂於大明之上矣，至彼至陽之原也；爲女入於窈冥之門矣，至彼至陰之原也。天地有官，陰陽有藏，愼守女身，物將自壯。我守其一以處其和，故我修身千二百歲矣，吾形未常衰。」黃帝再拜稽首曰：「廣成子之謂天矣！」廣成子曰：「來！余語女。彼其物無窮，而人皆以爲有終；彼其物無測，而人皆以爲有極。得吾道者，上爲皇而下爲王；失吾道者，上見光而下爲土。今夫百昌皆生於土而反於土，故余將去女，入無窮之門，以遊無極之野。吾與日月參光，吾與天地爲常。當我，緡乎！遠我，昬乎！人其盡死，而我獨存乎！」

黃帝問「至道之精」於廣成子，「欲取天地之精，以佐五穀，以養民人」，「又欲官陰陽，以遂羣生」。是黃帝認爲治天下之務亦在於「養民人」「遂羣生」。疏曰：「遂，順也。欲象陰陽設官分職，順羣生之性，問其所以。」〔註 60〕廣成子以黃帝所問粗鄙，並數黃帝治天下之違道。曰黃帝所欲問者

〔註 59〕 注 1，〔清〕郭慶藩撰：《莊子集解（中）》，第 373～374 頁。
〔註 60〕 注 4，〔清〕郭慶藩撰：《莊子集解（中）》，第 379 頁。

「物之質也」，所欲官者「物之殘也」者，注曰：「不任其自爾而欲官之，故
殘也。」疏曰：「欲播植五穀，官府二儀，所問粗淺，不過形質，乖深玄之
致。」〔註61〕船山曰：「其要，收視反聽而已。視聽外閉，則知不待去而自
去。知去則心不攖，心不攖則天下無可說，而己無可為。人之心不待安之、
撫之、養之、遂之，而自無所攖也。陰陽之可官者，皆其緒餘萎於形中者，
故曰殘。……道止於治身，而治天下者不外乎是。」〔註62〕黃帝聞治天下止
於治身之義，於是更卑身而問「治身奈何而可以長久」？廣成子始善其問乃
語之「至道」。窈冥昏默言至道之不可以見聞，故不可勞其神形而必守其清
靜，全真守分。曰：「我為女遂於大明之上矣，至彼至陽之原也；為女入於窈
冥之門矣，至彼至陰之原也。」「陽，動也。陰，寂也。遂，出也。至人應動
之時，智照日月，名大明也。至陽之原，表從本降跡，故言出也。無感之
時，深根寂然凝湛也。至陰之原，示攝跡歸本，故曰入窈冥之門。」〔註63〕
故誡黃帝慎守其身，萬物自會成長。壯，「大也」（《爾雅·釋詁》），成長之義
也。一，謂靜也；和，謂動之協也。疏曰：「保恬淡一心，處中和妙道，攝
衛修身，雖有壽考之年，終無衰老之日。」〔註64〕廣成子能守靜和動，故長
生而形不衰。所謂「守其一以處其和」者，是亦無為之義也。黃帝既聞所
以治身，廣成子最後乃語其為天下之道。「物固無可窮，物固不可測。而欲治
之者，窮其無窮，測其不測，適以攖物而導之相疑相欺、相非相誚，以成乎
亂而已矣。」明乎此道，陰陽不亂，與天地為無窮，則「物皆在其所含之
中，無有可說以相攖者，相就以化，絪縕常存而去其昏，羣生遂矣，皇王之
道盡矣」〔註65〕。

《天地》曰：「天地雖大，其化均也；萬物雖多，其治一也；人卒雖眾，
其主君也。君原於德而成於天，故曰，玄古之君天下，無為也，天德而已矣。」
其依託黃帝遺玄珠，使知、離朱、喫詬索之皆不得，而象罔獨得之。蓋「玄
珠」喻道，「知」喻智慧，「離朱」喻色，「喫詬」喻言辨，道之不可知，不可
見，不可言，故知與離朱、喫詬求之於知、色、言辨皆不可得也。「象罔，無

〔註61〕注1、2，〔清〕郭慶藩撰：《莊子集解（中）》，第380頁。
〔註62〕〔清〕王夫之著：《莊子解》，北京：中華書局，1964年10月第1版，第95
　　　頁。
〔註63〕注9，〔清〕郭慶藩撰：《莊子集解》中冊，第383頁。
〔註64〕注9，〔清〕郭慶藩撰：《莊子集解》中冊，第383頁。
〔註65〕〔清〕王夫之著：《莊子解》，北京：中華書局，1964年10月，第96頁。

心之謂。離聲色，絕思慮，故知與離朱自涯而返，喫詬言辨，用力失眞，唯罔象無心，獨得玄珠也。」〔註66〕《天道》篇曰：「天道運而無所積，故萬物成；帝道運而無所積，故天下歸。」又曰：「夫帝王之德，以天地爲宗，以道德爲主，以無爲爲常。無爲也，則用天下而有餘；有爲則天下用而不足。」故曰：「夫天地者，古之所大也，而黃帝堯舜之所共美也。」其實亦是要以「無爲」爲用心也。

《天運》篇曰：「天有六極五常，帝王順之則治，逆之則凶。」疏曰：「六極，謂六合，四方上下也。五常，謂五行，金木水火土，人倫之常性也。」「夫帝王者，上符天道，下順蒼生，垂拱無爲，因循任物，則天下治矣。而逆萬國之歡心，乖二儀之和氣，所作凶悖，則禍亂生也。」〔註67〕蓋有爲可以達於無爲，順應天地變化的規律便是無爲而無不爲矣。篇中乃依託黃帝論樂而闡明其理：

> 北門成問於黃帝曰：「帝張《咸池》之樂於洞庭之野，吾始聞之懼，復聞之怠，卒聞之而惑，蕩蕩默默，乃不自得。」帝曰：「女殆其然哉！吾奏之以人，徵之以天，行之以禮義，建之以太清。夫至樂者，先應之以人事，順之以天理，行之以五德，應之以自然，然後調理四時，太和萬物。四時迭起，萬物循生；一盛一衰，文武倫經；一清一濁，陰陽調和，流光其聲；蟄蟲始作，驚之以雷霆；其卒無尾，其始無首；一死一生，一僨一起；所常無窮，而一不可待。汝故懼也。吾又奏之以陰陽之和，燭之以日月之明；其聲能短能長，能柔能剛；變化齊一，不主故常；在欲滿谷，在阬滿阬；塗郤守神，以物爲量。其聲揮綽，其名高明。是故鬼神守其幽，日月星辰行其紀。吾止之於有窮，流之於無止。予欲慮之而不能知也，望之而能見也，逐之而不能及也；儻然立於四虛之道，倚於槁梧而吟。目知窮乎所欲見，力屈乎所欲逐，吾既不及已夫！形充空虛，乃至委蛇。汝委蛇，故怠。吾又奏之以無怠之聲，調之以自然之命，故若混逐叢生，林樂而無形；布揮而不曳，幽昏而無聲。動於無方，居於窈冥；或謂之死，或謂之生；或謂之實，或謂之榮；行流散徒，不主常聲。世疑之，稽於聖人。聖也者，達於情而遂於命也。天機不張

〔註66〕 注5，〔清〕郭慶藩撰：《莊子集解》中冊，第415頁。
〔註67〕 注1、2，〔清〕郭慶藩撰：《莊子集解》中冊，第496頁。

而五官皆備，此之謂天樂，無言而心說。故有焱氏爲之頌曰：『聽之
不聞其聲，視之不見其形，充滿天地，苞裹六極。』汝欲聽之而無
接焉，而故惑也。樂也者，始於懼，懼故祟；吾又次之以怠，怠故
遁；卒之以於惑，惑故愚；愚故道，道可載而與之俱也。」

「帝」指黃帝。「張，施也。」〔註68〕懼，「恐也」；怠，「慢也」；惑，「亂
也」（《說文・心部》）。「復，又也。」〔註69〕卒，「終也」（《爾雅・釋詁》）。
黃帝施《咸池》之樂，北門成「不悟至樂，初聞之時，懼然驚悚；再聞其
聲，稍悟音旨，故懼心退息；最後聞之，知至樂與二儀合德，視之不見，聽
之不聞，故心無分別，有同暗惑者也」〔註70〕。北成門不知所以如此者，乃
問於黃帝。黃帝乃言《咸池》之樂理，蓋至樂非音聲之謂，「必先順乎天，應
乎人，得於心而適於性，然後發之以聲，奏之以典耳」。「殆，近也。奏，應
也。徽，順也。禮義，五德也。太清，天道也。」〔註71〕既應人事，順天理，
行五德，應自然，然後「調理四時，太和萬物」，於是有四時更迭，萬物循生
之象。疏曰：「循，順；倫，理；經，常也。言春夏秋多更迭而起，一切物類
順序而生；夏盛多衰，春文秋武，生殺之理，天道之常，但常任之，斯至樂
矣。」「清，天也。濁，地也。陰升陽降，二氣調和，故施生萬物，和氣流布，
三光照燭，此謂至樂，無聲之聲。」「仲春之月，蟄蟲始啓，自然之理，驚之
雷霆，所謂動靜順時，因物或作，至樂具合斯道也。」「尋求自然之理，無始
無終；討論至樂之聲，無首無尾。」「償，仆也。夫盛衰生死，虛盈起償，變
化之道，理之常數。若以變化爲常，則所謂常者無窮也。」「至一之理，絕視
絕聽，不可待之以聲色，故初聞懼然也。」俞氏曰：「一不可待者，皆不可待
也。」〔註72〕蓋所謂變化無窮，故皆不可待也。此言至樂之道順天應人，其
第一節四時變化，萬物生發，變化無窮，耳目辨之不暇，故生惶懼之意。

既生萬物變化之象矣，又奏之乃合陰陽之序，齊日月之明，調和五聲以
「順羣生之修短，任萬物之柔剛，齊變化之一理」，不守故而執常。於是樂聲

〔註68〕注127，〔西漢〕劉向集錄，范祥雍箋證，范邦瑾協校：《戰國策箋證》上冊，
　　　　第164頁。
〔註69〕〔魏〕何晏集解，〔梁〕皇侃義疏：《論語集解義疏》卷第三《論語雍也第六》
　　　　「如有復我者」疏。
〔註70〕注2，〔清〕郭慶藩撰：《莊子集解》中冊，第502頁。
〔註71〕注1，〔清〕郭慶藩撰：《莊子集解》中冊，第503頁。
〔註72〕注3～8，〔清〕郭慶藩撰：《莊子集解》中冊，第503～504頁。

「無所不徧，乃谷乃阬，悉皆盈滿」。「塗，塞也。卻，孔也。閉心知之孔卻，守凝寂之精神。」「大小修短，隨物器量，終不制割而從己也。」「揮，動也。綽，寬也。同雷霆之震動，其聲寬也。」「高如上天，明如日月，聲既廣大，名亦高明。」「人物居其顯明，鬼神守其幽昧，各得其所而不相撓。」「三光朗耀，依分而行，綱紀上玄，必無差忒也。」「止，住也。窮，極也。雖復千變萬化，而常居玄極，不離妙本，動而常寂也。」「流，動也。應感無方，隨時適變，未嘗執守，故寂而動也。」《咸池》至樂誠是眞道，道之無聲無形，變化無端，故不可謀慮而知，不可瞻望而見，不可追逐而逮。「儻然，無心貌也。四虛，謂四方空，大道也。」聖人無心，「與至樂同體，立志弘敞，接物無偏，包容萬有，與虛空而合德」，「弘敞虛谷，忘知絕慮，故形同槁木，心若死灰，逍遙無爲，且吟且詠」也。目力有窮，至樂無以盡逐，故止而不逐也。注曰：「夫形充空虛，無身也，無身，故能委蛇。委蛇任性，而悚懼之情怠也。」〔註73〕萬物變化無窮，既「一不可待」，故第二節乃墮體黜聰，離形去智，任性無心，而惶懼之情怠息矣。

第三節乃奏「無怠之聲」，「斯則以無遺怠」。「凡百蒼生，皆以自然爲其性命。所以奏此《咸池》之樂者，方欲調造化之心靈，和自然之性命也已。」「混，同也。生，出也。」調和自然之性命，故若風吹叢林之聲，無心而成樂於無形，若「布散萬物」無有牽曳，幽冥昏暗而無聲。「應動隨時，實無方所」，「深根寧極，恒處窈冥」，若「春生冬死，秋實夏榮，雲行雨散，水流風從」，皆順自然之理，日新其變，不主於常聲。世俗之人疑至樂而不能解則考之於聖人。「所言聖者，更無他義也，通有物之情，順自然之命，故謂之聖。」「天機，自然之樞機。五官，五藏也。言五藏各有主司，故謂之官。夫目視耳聽，手把腳行，布網轉丸，飛空走地，非由傚效，稟之造物，豈措意而後能爲！故五藏職司，素分備足，天樂之美，其在茲也。」「體此天和，非由措意，故心靈適悅而妙絕名言也。」有焱氏頌之，「此乃無樂之樂，樂之至也。」〔註74〕「稽猶考也」〔註75〕，見第二章釋。此一節復歸於自然，不主常聲，非耳目所能接聞，故北門成心生迷惑也。黃帝最後總結《咸池》三節之義及北門成所以懼怠惑的原因，強調至樂之道在於無心。疏曰：「初聞至樂，未

〔註73〕 注1～16，〔清〕郭慶藩撰：《莊子集解》中冊，第505～507頁。
〔註74〕 注1～14，〔清〕郭慶藩撰：《莊子集解》中冊，第508～510頁。
〔註75〕 《周易正義》卷八《繫辭下第八》，〔清〕阮元校刻《十三經注疏》上冊，第89頁上。

悟大和，心生悚懼，不能放釋，是故禍祟之也。」「再聞之後，情意稍悟，故懼心怠退，其跡遁滅也。」「最後聞樂，靈府淳和，心無分別，有同闇惑，蕩蕩默默，類彼愚迷。不怠不懼，雅符眞道，既而運載無心，與物俱至也。」〔註76〕無心方能得至樂之境也。

樂與政通（《禮記・樂記》），黃帝所述《咸池》之樂理，反映的正是通過有爲以達於無爲的治道：蓋以禮義刑政使人物各得其序，復歸其性命之正也。寫成年代較早的《天下》篇批評墨子「非樂」亦云「黃帝有《咸池》」之樂，未知《天運》依託黃帝論樂之言是否是對《天下》篇這一說法的發揮，但《天下》篇云治術多方，「皆以其有爲不可加」，蓋以「自軒頊已下，迄于堯舜，治道藝術，方法甚多，皆隨有物之情，順其所爲之性，任羣品之動植，曾不加之於分表，是以雖教不教，雖爲不爲矣」〔註77〕，正黃帝所論《咸池》三節之義。《天運》篇既依託黃帝論《咸池》之事，似宣揚以有爲達於無爲的治道，然下文卻又借老聃之言非三皇五帝之治天下之有爲，《繕性》篇亦以神農黃帝治天下「德又下衰」，皆是終以無爲爲治之至也。

諸則依託實質上仍以「無爲」爲治天下之最高義，然則非徒以清虛自靜之無爲爲「無爲」，轉而以順應天地之道眞有爲而達於「無爲」也。

（三）「無君派」的黃帝傳說

「無君派」更對現實不滿，他們「激烈地抨擊現實，批判的鋒芒直指傳說中的聖君賢士和當時的國君」，強調「任人性之自然」，憧憬小國寡民田園詩般的「烏托邦」〔註78〕。「無君派」批判歷代聖王賢士，於《盜跖》篇最直白，依託盜跖之言罵盡五帝三王，曰：「然而黃帝不能致德，與蚩尤戰於涿鹿之野，流血百里。」「世之所高，莫若黃帝，黃帝尚不能全德，而戰涿鹿之野，流血百里。」責黃帝戰蚩尤以「不能致德」故也。考其論者，實在於非所未必非，是所未必是，惟在其所從言耳。「無君派」稱述黃帝傳說僅此一例，沒有依託附會。

「莊學」中有關黃帝傳說的依託附會已經完全超出了田齊「高祖黃帝」的旨意，它們所討論的治道已非祖述那些早期傳說中黃帝以兵王天下的豐功偉業，而是探討順應天地之道和人物之性的治理模式，將無爲視作最高境界的治道，無爲而無不爲，或僅是承認禮樂刑政之有爲亦是法乎天地之法則，最終仍

〔註76〕注1～3，〔清〕郭慶藩撰：《莊子集解》中冊，第510～511頁。
〔註77〕注1，〔清〕郭慶藩撰：《莊子集解》下冊，第1065頁。
〔註78〕劉笑敢著：《莊子哲學及其演變》，第281頁。

歸本於無爲，眞有爲而所以無爲也。甚至早期傳說中黃帝那些作爲有時成爲了批評的對象。顯然，「莊學」與稷下的關係比較疏淡，至多是那「融合」一派受了些稷下學術的影響。從「莊學」三派的依託附會來看，既便從「融合派」的依託附會來看，或褒或貶，黃帝並沒有一個一致的形象。根據現存的文獻無從判斷這些依託附會是否有所本，或只是作者隨意的編造。但這可能大致反映了戰國後期逐漸興起的「黃帝之學」的基本狀況，而尚難以證明「黃老之學」已經發展成熟〔註79〕，漢初的「黃老之學」只是與其中「融合派」的思想有一定的淵源而已。或許可以說是這些依託與附會進一步促生了「黃帝之學」。

三、帛書《十六經》考辨

　　《十六經》或又稱之爲《十大經》，是馬王堆漢墓帛書《老子》乙本卷前古佚書中的一篇。1973年底長沙馬王堆三號漢墓出土大批帛書，其中《老子》乙本卷前有《經法》、《十六經》、《稱》、《道原》四篇古佚書，唐蘭先生認爲它們就是《漢書・藝文志》中的《黃帝四經》〔註80〕，余光明、陳鼓應、王博、龍晦等許多學者都認同唐氏的這個判斷〔註81〕，但也有學者對《黃帝四經》的說法存疑而稱之爲《黃老帛書》〔註82〕，蕭萐父先生則名之爲《黃老帛書》或曰《黃帝書》〔註83〕，李學勤、魏啓鵬先生亦皆採用了《黃帝書》這種說法〔註84〕，李夏稱爲帛書《黃帝四經》，以與《漢志》區別〔註85〕。裘

〔註79〕 劉笑敢著：《莊子哲學及其演變》，第316頁。

〔註80〕 唐蘭：《馬王堆出土〈老子〉乙本卷前古佚書的研究——兼論其與漢初儒法鬥爭的關係》，《考古學報》，1975年第1期，第7～16頁。

〔註81〕 見余光明著：《〈黃帝四經〉與黃老思想》，哈爾濱：黑龍江人民出版社，1989年8月。陳鼓應：《關於帛書〈黃帝四經〉成書年代等問題的研究》，陳鼓應注譯《黃帝四經今注今譯——馬王堆漢墓出土帛書》，北京：商務印書館，2007年6月，第35～46頁。王博：《〈黃帝四經〉和〈管子〉四篇》，陳鼓應主編《道家文化研究》第一輯，上海：上海古籍出版社，1992年6月，第198～213頁。龍晦：《馬王堆出土〈老子〉乙本前古佚書探源》，《考古學報》，1975年第2期，第23～32頁。

〔註82〕 任繼愈主編：《中國哲學發展史（秦漢）》，北京：人民出版社，1985年2月，第102頁。

〔註83〕 蕭萐父：《〈黃老帛書〉哲學淺議》，陳鼓應主編《道家文化研究》第三輯，第265～273頁。

〔註84〕 李學勤：《申論〈老子〉的年代》，李學勤著《古文獻叢論》，第137～145頁。李學勤：《論新出土簡帛與學術研究》，《傳統文化與現代化》，1993年第1期，第65～71頁。魏啓鵬著：《馬王堆漢墓帛書〈黃帝書〉箋證》，北京：中華書局，2004年12月。

錫圭先生則明確指出四篇佚文不是一部書,更非《漢志》中的《黃帝四經》,而大概只是「帛書的主人爲學習黃老言」所抄集〔註86〕。比較《老子》甲本卷後幾篇古佚書的關係,可知裘氏的判斷很有見地。那麼帛書《十六經》又是一篇什麼樣的著作呢?下面分別考察它所依託的黃帝傳說及其性質。

(一)《十六經》中的黃帝治道

帛書《十六經》全篇共十五章〔註87〕,其中只有第一、二、三、四、五、九、十四章依託於黃帝君臣的傳說,第六章依託於高陽與力黑的傳說,其餘諸章皆是作者直接闡發議論的形式。第一章蓋開宗明義,是對黃帝治道的一個總括:

> 昔者黃宗質始好信,作自爲像,方四面,傅一心。四達自中,前參後參,左參右參,踐位履參,是以能爲天下宗。吾受命於天,定位於地,成名於人。唯余一人□乃配天,乃立王、三公,立國,置君、三卿。數日,歷月,計歲,以當日月之行。允地廣裕,吾類天大明。吾畏天愛地親〔民〕,□無命,執虛信。吾畏天愛〔地〕親民,立有命,執虛信。吾愛民而民不亡,吾愛地而地不曠。吾受民□□□□□□□□死。吾位不□。吾苟能親親而興賢,吾不遺亦至矣。(《立命》)

「宗者,尊也。」(《白虎通·宗族》)「黃宗」即指黃帝,「黃帝爲天下之宗主,故名」〔註88〕。「質,體也。」〔註89〕好,「美也」(《說文·女部》)。「信,讀爲訊,問也。」〔註90〕《爾雅》曰:「詢,信也。」(《釋詁》)陳鼓應先生認爲質、好皆是意動用法,並以「始」即《老子》「無名天地之始」之「始」,釋

〔註85〕李夏:《帛書〈黃帝四經〉研究》,山東大學博士論文,2007年4月,第3頁。

〔註86〕裘錫圭:《馬王堆帛書〈老子〉乙本卷前古佚書並非〈黃帝四經〉》,陳鼓應主編《道家文化研究》第三輯,第249~255頁。

〔註87〕釋讀文字據國家文物局古文獻研究室編《馬王堆漢墓帛書(壹)》(第61~80頁),爲使引文簡潔起見只按通用字體錄出釋讀的正字,奪衍字徑按注釋增刪,省去塗點和廢字,殘闕與不可辨識之字依其字數用「□」代替,釋讀者補足之文用「〔〕」標出,省略之處用「……」。

〔註88〕魏啓鵬著:《馬王堆漢墓帛書〈黃帝書〉箋證》,北京:中華書局,2004年12月第1版,第96頁。

〔註89〕《周易正義》卷八《繫辭下第八》「以爲質也」注,〔清〕阮元校刻《十三經注疏》上冊,第90頁上。

〔註90〕注1,國家文物局古文獻研究室編:《馬王堆漢墓帛書(壹)》,第61頁。

作「道」，曰質始即「以守道爲根本」〔註91〕。從下文來看，此處「始」或當指天道，而非《老子》中先天地生的那個道。「好信」，亦即以問爲美。「質始好信」蓋黃帝治道的宗旨，即本於天道而好問。「作，始也。」〔註92〕「方四面」者，孔子曰：「黃帝取合己者四人，使治四方，不謀而親，不約而成，大有成功，此之謂四面也。」（《尸子》卷下）《呂氏春秋》曰「黃帝立四面，堯舜得伯陽、續耳然後成……」（《孝行覽·本味》），亦是說的尊賢。《史記》云：「舉風后、力牧、常先、大鴻以治民。」（《五帝本紀》）疑「像」本作「相」，蓋黃帝始立四相以傅己治天下，故能爲天下之尊也。「前參後參，左參右參」，諸家皆解作四方十二位，筆者以爲「參」當是《周禮》「設其參」之「參」，只是此處作動詞用，蓋謂參於四相也。「乃立王、三公，立國，置君、三卿」者，設官分職，是「好信」之事也。「數日，歷月，計歲，以當日月之行」者，是「厤象日月星辰」，是「質始」之事也。「允地廣裕，吾類天大明」者，陳鼓應先生疑「吾」字當在「允」前，「允」、「類」皆有相副、比附之義，蓋喻黃帝之德如天地也〔註93〕。

下面的文字其實亦皆是對於「質始好信」的具體闡釋。「□無命」，疑當作「立有命」，「吾畏天愛地親〔民〕，□無命，執虛信」與下句重複，當是衍文。「吾畏天愛地親〔民〕」對應上文「吾受命於天，定位於地，成名於人」一句，「受命於天」故「畏天」，「定位於地」故「愛地」，「成名於人」故「親民」。或曰「畏天」所以「受命於天」，「愛地」所以「定位於地」，「親民」所以「成名於人」。《管子》曰：「天有常象，地有常刑，人有常禮，一設而不更，此謂三常。兼而一之，人君之道也。」（《君臣上》）「立有命」，「言登上承受天命的莊嚴位置」〔註94〕，對應上文的「受命於天」。《管子》曰：「虛無無形謂之道」，「天曰虛，地曰靜」，「天之道虛，地之道靜」，「虛者，萬物之始也」。（《心術上》）那麼「執虛信」即指執守道與問，正是上文所謂「質始好信」之義。「吾愛民而民不亡，吾愛地而地不曠。吾受民□□□□□□□死。」陳鼓應先生認爲此句有抄錄之訛，疑當作「吾畏天而天不亡，吾愛地而地不

〔註91〕 注 1，陳鼓應注譯：《黃帝四經今注今譯——馬王堆漢墓出土帛書》，第 197頁。

〔註92〕 《毛詩正義》卷二十之一《魯頌·駉》「思馬斯作」傳，〔清〕阮元校刻《十三經注疏》上冊，第 610 頁上。

〔註93〕 注 9，陳鼓應注譯：《黃帝四經今注今譯——馬王堆漢墓出土帛書》，第 199頁。

〔註94〕 魏啓鵬著：《馬王堆漢墓帛書〈黃帝書〉箋證》，第 98 頁。

兄，吾受民而民不死」〔註95〕。承接上文，敬畏天命所以天不亡我，愛惜地力故土地不曠廢，親愛人民而民不死亡。「吾位不□」作「吾位不失」〔註96〕，畏天愛地親民，故位不失也。「吾苟能親親而興賢，吾不遺亦至矣」者，黃帝自謂如能同時做到「親親」與「興賢」，即家無遺親，朝野無遺賢，則可謂「止於至善」了。「親親」與「興賢」是古代政治中的兩個重要命題，在《中庸》、郭店楚簡《唐虞之道》中「親親」與「興賢」統一不二，此處所論或與之有一定的淵源。《立命》章是《十六經》的總綱，「質始好信」是黃帝治道的核心精神，下面諸章則是這一核心精神在各個層面的展開。

　　第二章依託黃帝力黑討論如何「得逆順之〔紀〕」「以為天下正」的問題。考首章云黃帝「質始好信」，「執虛信」，後面諸章亦皆託黃帝問，惟此章記黃帝答而力黑問，蓋其中有抄錄之誤乎？陳鼓應先生懷疑章中有省略「力黑曰」之文〔註97〕。當然，也許前後文例本不必齊一，故此處仍釋文之舊。「〔黃帝〕令力黑浸行伏匿，周流四國，以觀無恒，善之法。」《周易》曰：「恒，德之固也。」（《繫辭下》）《孟子》曰：「苟無恒心，放辟邪侈無不為已。」（《梁惠王上》）「善」，蓋通繕，「脩治也」〔註98〕。黃帝命力黑微行觀萬民之情而脩治為法則，於是力黑「示像」「示鏡」然後「布制建極」。「布，班也。」〔註99〕極，傳曰「中也」〔註100〕，朱子訓為「標準」〔註101〕。「布制建極」即力黑以所觀察人物之情而「善之法則」也。力黑既治為法則，乃問「得逆順之〔紀〕，德虐之刑，靜和之時，先後之名以為天下正」之道〔註102〕，黃帝曰：

〔註95〕 注 3，陳鼓應注譯：《黃帝四經今注今譯——馬王堆漢墓出土帛書》，第 202頁。

〔註96〕 注 6，陳鼓應注譯：《黃帝四經今注今譯——馬王堆漢墓出土帛書》，第 202頁。

〔註97〕 注 10，陳鼓應注譯：《黃帝四經今注今譯——馬王堆漢墓出土帛書》，第 207～208 頁。

〔註98〕 〔唐〕邢璹注：《周易略例·明爻通變》「故有善邇而遠至」注，《四部叢刊》景宋本。

〔註99〕 《禮記正義》卷八《檀弓上第三》「旬而布材與明器」正義，〔清〕阮元校刻《十三經注疏》上冊，第 1293 頁上。

〔註100〕 《尚書正義》卷十二《洪範第六》「建用皇極」傳，〔清〕阮元校刻《十三經注疏》上冊，第 188 頁上。

〔註101〕 〔宋〕黎靖德編：《朱子語類（五）》，第 2041～2042 頁。

〔註102〕 此句引文依據陳鼓應先生校正，見注 15，陳鼓應注譯：《黃帝四經今注今譯——馬王堆漢墓出土帛書》，第 208 頁。

群群□□□□□爲一囷，無晦無明，未有陰陽。陰陽未定，吾未有以名。今始判爲兩，分爲陰陽，離爲四〔時〕，□□□□□□□□□□因以爲常，其明者以爲法而微道是行。……姓生已定，而敵者生爭，不諶不定。凡諶之極，在刑與德。刑德皇皇，日月相望，以明其當，而盈□無匡。……聖人不巧，時反是守。優未愛民，與天同道。聖人正以待天，靜以須人。不達天刑，不襦不傳。當天時，與之皆斷。當斷不斷，反受其亂。（《觀》）

「群群，讀爲混混。」〔註103〕蓋天地始混沌一囷而後乃分爲陰陽，陰陽復離爲四時，生爲萬物，「德虐之行，因以爲常」（《國語·越語下·越王句踐即位三年而欲伐吳》）。《文子》曰：「天地未形，窈窈冥冥，渾而爲一，……離而爲四時，分而爲陰陽，……剛柔相成，萬物乃生。」（《九守》）據韋注，德謂懷柔奬賞，刑謂斬伐黜奪，此以「爲常法也」〔註104〕。「其明者以爲法而微道是行」，《國語》作「明者以爲法，微者則是行」（《越語下·於玄月》）。韋注曰：「明，謂日月盛滿時。微，謂虧損薄蝕也。法其明者，以進取。行其微時，以隱遁。」〔註105〕黃帝之意，是說法天地陰陽之道，用刑德以治民，故下文亟論「得天之微」、「待地氣之發」、「不靡不黑，而正之以刑與德」之義。《左傳》曰：「天子建德，因生以賜姓，胙之土而命之氏。」（《隱八年》）敵，「當也」（《爾雅·釋詁》）。「諶，借爲戡。」〔註106〕戡，「克也」（《爾雅·釋詁》）。氏姓既已形成，其勢相當者乃生爭，不克其爭無以平定，而克定之則在於刑德也。下而又述用刑德之要，曰「使民毋人執，舉事毋陽察，力地毋陰敝」，以刑德順於天地陰陽四時也。惟聖人能法天道，達人事，以時爲斷而爲治也。蓋《觀》之義，論法天地陰陽四時而用刑德以治民，則所以「得逆順之〔紀〕」「以爲天下正」也。

第三章是黃帝與闔冉討論「布施五正，焉止焉始」的問題：

黃帝問闔冉曰：吾欲布施五正，焉止焉始？對曰：始在於身，中有正度，后及外人。外內交接，乃正於事之所成。黃帝曰：吾既正既靜，吾國家愈不定，若何？對曰：后中實而外正，何〔患〕不

〔註103〕魏啓鵬著：《馬王堆漢墓帛書〈黃帝書〉箋證》，第102頁。

〔註104〕徐元誥撰：《國語集解（修訂本）》，第579頁。

〔註105〕徐元誥撰：《國語集解（修訂本）》，第584頁。

〔註106〕魏啓鵬著：《馬王堆漢墓帛書〈黃帝書〉箋證》，第107頁。

定。左執規，右執矩，何患天下？男女畢迵，何患於國？五正既布，以司五明。左右執規，以待逆兵。黃帝曰：吾身未自知，若何？對曰：后身未自知，乃深伏於淵，以求內刑。內刑已得，后□自知屈后身。黃帝曰：吾欲屈吾身，屈吾身若何？對曰：道同者其事同，道異者其事異。今天下大爭，時至矣，后能慎勿爭乎？黃帝曰：勿爭若何？對曰：怒者血氣也，爭者外脂膚也。怒若不發浸廩是爲癰疽。后能去四者，枯骨何能爭矣……（《五正》）

　　《管子·四時》曰：「四時曰正。」按《四時》篇所論，「五正」即指四時五方之政令。黃帝問閹冉布施四時五方之政令從何而始？從何而止？閹冉對曰：「始在於身，中有正度，后及外人。」所謂「始在於身」即始於脩身，《鶡冠子》曰「取稽於身」（《度萬》），《大學》曰「壹是皆以脩身爲本」。度，「法制也」（《說文·又部》）。「中度」謂中正的法度，「中有正度」即是第二章中力黑的「布制建極」之事。「后及外人」即謂己身既脩，法度既正，然後平天下也。下文黃帝與閹冉主要討論了「始在於身」與「後及外人」兩個問題。「始在於身」者，「乃深伏於淵，以求內刑。內刑已得，后□自知屈后身。」「乃深伏於淵」，喻隱居以靜處。《莊子·在宥》曰：「其居也淵而靜。」郭氏曰：「淵者，靜默之謂耳。」〔註107〕刑，「法也」（《爾雅·釋詁》）。「內刑」，「指內心的自省、端正和規範」〔註108〕。《管子》曰：「凡心之刑，自充自盈，自生自成。」（《內業》）茲是閹冉告黃帝「始在於身」者，即是要靜處自省，以正己心。已正己心，然後乃知「屈后身」。「后」指黃帝，屈是屈伸之屈，蓋謂示弱抑退也。「屈后身」者，是要止怒，止爭。能如此然後可以及外，可以與爭矣。《老子》曰：「知其雄，守其雌，爲天下谿。」那麼如何及於外人呢？閹冉曰「后中實而外正」，「左執規，右執矩」，則可以「及外人」矣。「實」，蓋指內心充實之謂也。《孟子》曰：「充實之謂美，充實而有光輝之謂大。」（《盡心下》）「中實」需有「自知」，故下文黃帝問「吾身未自知，若何？」「外正」即指「布制建極」，「規」指德，「矩」指刑，規矩指刑德法度。《淮南子》曰：「春爲規」，「秋爲矩」（《時則訓》）。又曰：「規生矩殺」，「執規而治春」，「執矩而治秋」（《天文訓》）。生殺即德刑之謂，與第二章所述正相一致。黃帝既已令力黑「布制建極」，又聞閹冉之論，「談臥三年」而得「自知」之實，終

〔註107〕注3，〔清〕郭慶藩撰：《莊子集釋》上冊，第303頁。
〔註108〕魏啓鵬著：《馬王堆漢墓帛書〈黃帝書〉箋證》，第119頁。

擒殺蚩尤是也。故曰「五正既布，以司五明。左右執規，以待逆兵。」

　　第四章依託黃帝與果童討論畜正均平天下的傳說：

　　　　黃帝〔問四〕輔曰：唯余一人，兼有天下。今余欲畜而正之，均而平之，爲之若何？果童對曰：不險則不可平，不諶則不可正。觀天於上，視地於下，而稽之男女。夫天有榦，地有恒常。合□□常，是以有晦有明，有陰有陽。夫地有山有澤，有黑有白，有美有惡。地俗德以靜，而天正名以作。靜作相養，德虐相成。兩若有名，相與則成。陰陽備，物化變乃生。有□□□重，任百則輕。人有其中，物有其形，因之若成。黃帝曰：夫民仰天而生，待地而食。以天爲父，以地爲母。今余欲畜而正之，均而平之，誰適由始？對曰：險若得平，諶□□□，〔貴〕賤必諶貧富有等。前世法之，後世既員，由果童始。果童於是衣褐而穿，負缾而鬵。營行乞食。周流四國，以示貧賤之極。（《果童》）

　　「畜，養也。」〔註109〕正，「是也」（《說文·正部》）。均，「平徧也」（《說文·土部》），蓋謂使民各得其分也。「平，治也。」〔註110〕黃帝既有天下，問四輔如何養育天下之民而是正其行，使民各得其分而治之也。果童對曰：「不險則不可平，不諶則不可正。」險，陳鼓應先生疑讀爲「嚴」，魏啓鵬先生疑讀爲「檢」，但皆釋爲法度〔註111〕。諶，「信也」（《爾雅·釋詁》），蓋使人不疑也。孔子曰：「民無信不立。」（《論語·顏淵》）果童云沒有法度則天下不得平治，不立信於民則不可正之。然所謂「險」，所謂「諶」，是要法天地陰陽而稽之於人。果童曰：「觀天於上，視地於下，而稽之男女。」所以要如此者，蓋天地、靜作、德虐、生殺相互作用，陰陽賅於萬物之中，使之發生變化，生生不息，人物各有所得，故治天下須順應天地陰陽萬物之變化乃可以成功。故曰：「人有其中，物有其刑，因之若成。」「中」，疑爲「才」之誤〔註112〕。仍，「因也」（《爾雅·釋詁》）。「若，猶乃也。」〔註113〕果童既闡明

〔註109〕《毛詩正義》卷十一之二《小雅·我行其野》「爾不我畜」傳，〔清〕阮元校刻《十三經注疏》上冊，第435頁下。

〔註110〕《春秋公羊傳注疏》卷一《隱元年》「公將平國而反之桓」注，〔清〕阮元校刻《十三經注疏》下冊，第2197頁上。

〔註111〕魏啓鵬著：《馬王堆漢墓帛書〈黃帝書〉箋證》，第125頁。注5，陳鼓應注譯：《黃帝四經今注今譯——馬王堆漢墓出土帛書》，第234頁。

〔註112〕注54，國家文物局古文獻研究室編：《馬王堆漢墓帛書（壹）》，第66頁。

〔註113〕徐元誥撰：《國語集解（修訂本）》「若能有濟」注，第49頁。

畜正均平之義，黃帝復問行之由誰而始？「果童於是衣褐而穿，負缾而纍。營行乞食。周流四國，以示貧賤之極。」親自示民以貧富貴賤之等也。

第五章依託力黑、太山之稽討論如何應對蚩尤之亂的傳說：

力黑問□□□□□□□□□□□驕□陰謀，陰謀□□□□□□□□□□高陽，□之若何？太山之稽曰：子勿患也。夫天行正信，日月不處，啓然不怠，以臨天下。民生有極，以欲淫溢，淫溢□失，豐而〔爲〕□，□而爲既，予之爲害，致而爲費，緩而爲□。憂恫而窘之，收而爲之咎。纍而高之，踣而救弗也。將令之死而不得悔，子勿患也。力黑曰：戰數盈六十而高陽未夫，淫溢蚤□□曰天佑，天佑而弗戒，天官地一也。爲之若何？〔太〕山之稽曰：子勿言佑，交爲之備，〔吾〕將因其事，盈其寺，軶其力，而投之代，子勿言也。上人正一，下人靜之，正以待天，靜以須人。天地立名，□□自生，以隨天刑。天刑不撓，逆順有類。勿驚□戒，其逆事乃始。吾將遂是其逆而戮其身，更置六直而合以信。事而勿發，胥備自生。我將觀其往事之卒而朵焉，待其來〔事〕之遂形而和焉。壹朵壹禾，此天地之奇也。以其民作而自戲也，吾又使之自靡也。戰盈哉。……

帝曰：謹守吾正名，毋失吾恒刑，以示後人。(《正亂》)

力黑、太山之稽皆黃帝臣，力黑又曰力牧，太山之稽或曰太山稽。《淮南子》曰：「昔者黃帝治天下而力牧、太山稽輔之。」(《覽冥訓》)蓋其時黃帝已老而高陽「未夫」，蚩尤作亂，力黑憂之而問於太山之稽。「未夫，言未成年也。」〔註114〕高陽即後來的帝顓頊，文獻有高陽「年十五而佐黃帝」(《鬻子・數始五帝治天下第七》)之說。太山之稽勸其勿患，謂天行有常，民之生存索取本有限度極至，然生而有欲，有欲不能自制則有淫溢，淫溢則有失矣。極，「至也」(《爾雅・釋詁》)。疑「淫溢□失」作淫溢則失，或淫溢即失。所謂「□而爲既，予之爲害，致而爲費，緩而爲□」，皆是說的對立事物之間相互轉化、物極必反的道理。物極必反，所以對付蚩尤之亂正可「憂恫而窘之，收而爲之咎。纍而高之，踣而救弗也」。陳鼓應先生疑「憂恫而窘之」讀作「優桐而君之」〔註115〕。優，「饒也」(《說文・人部》)。桐，「榮也」(《說

〔註114〕魏啓鵬著：《馬王堆漢墓帛書〈黃帝書〉箋證》，第133頁。
〔註115〕注14，陳鼓應注譯：《黃帝四經今注今譯——馬王堆漢墓出土帛書》，第251頁。

文・木部》)。君,「尊也」(《說文・口部》)。收,「捕也」(《說文・攴部》)。「咎,過也。」〔註116〕《爾雅・釋言》曰:「斃,踣也。」《說文》曰:踣,「僵也」(《足部》)。弗,不也。疑「救弗」是「弗救」之倒,魏、陳二氏皆作「弗救」〔註117〕。《詩》曰:「將欲毀之,必重累之;將欲踣之,必高舉之。」(《呂氏春秋・恃君覽・行論》引)《周書》曰:「將欲敗之,必姑輔之;將欲取之,必姑與之。」(《戰國策・魏策一・智伯索地於魏桓子》引)此蓋是欲擒故縱之策,謂先優榮尊崇蚩尤然後捕而罪之,使其不斷驕貴至極然後斃之則不可救也。

力黑猶以為蚩尤有天助,曰:「天佑而弗戒,天地一也,為之若何?」蓋「戒」通「駭」,謂「天助蚩尤故有恃無恐」也〔註118〕。太山之稽誡力黑勿言天佑,云惟君臣上下俱為備,姑因遂蚩尤之惡而滿其志欲,然後擊之以力而流之四裔。交,「俱也」(《小爾雅・廣言》)。「寺,讀為志。」軒,即《說文》「軷」,「擠也」。〔註119〕代,地名。接著太山之稽乃具體闡述了他的策略,即要效法天地動靜之道,「正以待天,靜以須人」,「壹朵壹禾」,「以其民作而自戲」,「又使之自靡也」。「朵,動也。」禾,「讀為和,相應也」〔註120〕。作,「起也」(《說文・人部》)。「戲,讀為虖,鬭相執不解。」〔註121〕靡,「披靡也」(《說文・非部》)。蓋謂動則觀其往,靜則應其來,以其民自起爭鬭不解而使之自取覆亡。最後黃帝果擒殺蚩尤,並以為諸侯戒,曰:「謹守吾正名,毋失吾恒刑,以示後人。」

第六章依託高陽與力黑討論止民相互傾覆的傳說。高陽問於力黑曰:「天地〔已〕成,黔首乃生。莫循天德,謀相覆傾。吾甚患之,為之若何?」天德,天地生人,蓋謂人所得於天者。《管子》曰:「德者,道之舍,物得以生生,知得以職道之精。故德者,得也。得也者,其謂所得以然也。」(《心術上》)《淮南子》曰:「得其天性謂之德。」(《齊俗訓》)依據《中庸》,「天德」就是那個

〔註116〕 《毛詩正義》卷九之三《小雅・伐木》「微我有咎」傳,〔清〕阮元校刻《十三經注疏》上冊,第411頁上。

〔註117〕 魏啓鵬著:《馬王堆漢墓帛書〈黃帝書〉箋證》,第131頁。陳鼓應注譯:《黃帝四經今注今譯——馬王堆漢墓出土帛書》,第249頁。

〔註118〕 注 3,陳鼓應注譯:《黃帝四經今注今譯——馬王堆漢墓出土帛書》,第254頁。

〔註119〕 注68、69,國家文物局古文獻研究室編:《馬王堆漢墓帛書(壹)》,第68頁。

〔註120〕 注76,國家文物局古文獻研究室編:《馬王堆漢墓帛書(壹)》,第68頁。

〔註121〕 注77,國家文物局古文獻研究室編:《馬王堆漢墓帛書(壹)》,第68頁。

「天命之性」，「莫循天德」就是不能「率性」。率，「循也」（《爾雅・釋詁》）。當然，黃老對性的理解與儒家存在著差別。民不能循其天性，故致力於相互傾覆爭奪。高陽患民之相爭奪不休，問於力黑而求應對之策。力黑對之曰：

> 勿憂勿患，天制固然。天地已定，蚑蟯畢爭。作爭者凶，不爭亦毋以成功。順天者昌，逆天者亡。毋逆天道，則不失所守。天地已成，黔首乃生。姓生已定，敵者生爭，不諶不定。凡諶之極，在刑與德。刑德皇皇，日月相望，以明其當。望失其當，環視其殃。天德皇皇，非刑不行。穆穆天刑，非德必傾。刑德相養，逆順若成。刑晦而德明，刑陰而德陽，刑微而德章。其明者以為法，而微道是行。明明至微，時反以為機。天道還於人，反為之客。靜作得時，天地與之。爭不衰，時靜不靜，國家不定。可作不作，天稽環周，人反為之〔客〕。靜作得時，天地與之。靜作失時，天地奪之。夫天地之道，寒熱燥濕，不能並立；剛柔陰陽，固不兩行。兩相養，時相成。居則有法，動作循名，其事若易成。若夫人事則無常。過極失當，變故易常。德則無有，措刑不當。居則無法，動作爽名。是以僇受其刑。（《姓爭》）

力黑勸高陽「勿憂勿患」，曰「天制固然」也。高氏曰：「制，法也。」〔註122〕民物之相爭乃是自然法則，「作爭者凶，不爭亦毋以成功」，故惟「毋逆天道，則不失所守」。然則何以應對百姓之間的傾覆呢？曰「不諶不定」。陳氏曰：「『諶』讀為『戡』，伐正。」〔註123〕《爾雅》曰：定，「止也」；安，「定也」（《釋詁》）。蓋謂不伐正百姓之行為，則無以止其爭端。而「凡諶之極，在刑與德。」「極，謂至高之準則、中正之法度。」〔註124〕力黑謂止爭的最高準則在於刑德，《觀》章亦已云刑德法天地陰陽動靜顯微。《爾雅》曰：育，「養也」；平，「成也」（《釋詁》）。先論「刑」與「德」的關係，蓋刑德相用如日月之循環更替，各行其所當，德非刑不行，刑非德必傾壞，刑德相育，也就相輔相成，其逆順乃得其平。「法其明者以進取，行其微時以隱遁」〔註125〕，「微道是行」正是黃帝擒殺蚩尤的策略。刑德相輔相成，但須當時而

〔註122〕許維遹撰：《呂氏春秋集釋》下冊，第684頁。
〔註123〕注 8，陳鼓應注譯：《黃帝四經今注今譯——馬王堆漢墓出土帛書》，第264頁。
〔註124〕魏啟鵬著：《馬王堆漢墓帛書〈黃帝書〉箋證》，第142頁。
〔註125〕徐元誥撰：《國語集解（修訂本）》，第584頁。

用。故曰：「明明至微，時反以爲機。」第一個「明」是動詞，第二個「明」指明德，「微」指刑。「時反」，蓋即下文所謂「天道環周」者。機，「主發謂之機」（《說文・木部》）。「這是說眞正把握住德賞刑罰的關係，就要抓住天道運行的規律來作爲採取行動的契機。」〔註126〕下面接著講了「天道環周」的道理，曰「靜作得時，天地與之。靜作失時，天地奪之。」刑德所以須當其時者，蓋因人事無常，失時則有刑僇之禍也。梁惠王曾問尉繚子曰：「黃帝刑德可以百勝，有之乎？」尉繚子對曰：「刑以伐之，德以守之，非所謂天官時日陰陽向背也。黃帝者，人事而已矣。」（《尉繚子・天官》）文獻中論刑德之理甚夥，若《左傳》曰：「德刑不立，姦軌並至。」（《成十七年》）《說苑》曰：「夫刑德者，化之所由興也。德者，養善而進闕者也；刑者，懲惡而禁後者也。」（《政理》）本章之刑德，法於天地陰陽，蓋即指生殺之事也。刑與德「兩相養，時相成」。《爾雅》曰：育，「養也」（《釋詁》）。刑德相育，當時乃得成功，若所用不當，則致敗事僇刑。以時用刑德，則可以止生民之相傾覆爭奪矣。

第九章依託黃帝與力黑討論「正民」之「成法」的傳說：

> 黃帝問力黑：唯余一人兼有天下，猾民將生，佞辯用知，不可法組。吾恐或用之以亂天下。請問天下有成法可以正民者？力黑曰：然。昔天地既成，正若有名，合若有形，□以守一名。上拴之天，下施之四海。吾聞天下成法，故曰不多，一言而止。循名復一，民無亂紀。黃帝曰：請問天下猶有一乎？力黑曰：然。昔者皇天使鳳下道一言而止。五帝用之，以扒天地，〔以〕揆四海，以懷下民，以正一世之士。夫是故讒民皆退，賢人咸起，五邪乃逃，佞辯乃止。循名復一，民無亂紀。黃帝曰：一者一而已乎？其亦有長乎？力黑曰：一者，道其本也，胡爲而無長？□□所失，莫能守一。一之解，察於天地。一之理，施於四海。何以知紃之至，遠近之稽？夫唯一不失，一以趨化，少以知多。夫達望四海，困極上下，四向相抱，各以其道。夫百言有本，千言有要，萬〔言〕有總。萬物之多，皆閱一空。夫非正人也，孰能治此？彼必正人也，乃能操正以正奇，握一以知多，除民之所害，而持民之所宜。總凡守一，與天地同極，

〔註126〕注 2，陳鼓應注譯：《黃帝四經今注今譯——馬王堆漢墓出土帛書》，第 267頁。

乃可以知天地之禍福。(《成法》)

「猾，亂也。」〔註127〕佞，「巧讇高材也」(《說文・女部》)。辯，「巧言也」〔註128〕。「佞辯」猶巧言令色也。「組」，讀爲沮〔註129〕，傳曰「止也」〔註130〕。黃帝憂亂民及巧言令色者不守法度以亂天下，故問力黑正之之成法。力黑曰：人物皆有形有名，形正於名是謂「一」，故正民之成法就在於「循名復一」，「循名復一則民無亂紀」〔註131〕。「一者，道其本也。」復，「返也」(《爾雅・釋言》)。「循名復一」，蓋謂循人物之名而返乎其本，返乎其本即返乎道，返乎道則民無亂紀者矣。《韓非子・揚權》曰：「用一之道，以名爲首。」「一」亦是《文子》中的一個核心概念，「五帝」皆用「一」而治。曰：「一之解，察於天地。一之理，施於四海。」「解，蹟也。」(《廣雅・釋詁三》)「『察』通『際』，達到。」此蓋謂「道的蹤跡，可以至於天地；道的妙理，可以延及四海。」〔註132〕《管子》曰：「執一不失，下极於地，蟠滿九州。」(《內業》)《淮南子》曰：「是故一之理，施四海；一之解，際天地。」(《原道訓》)《文子》曰：「故一之理，施於四海，一之嘏，察於天地。」(《道原》)。故曰：「總凡守一，與天地同極，乃可以知天地之禍福。」王氏曰：「總，統也。」〔註133〕鄭氏曰：「凡，猶皆也。」〔註134〕力黑蓋謂統人物萬事而執守「一」道，效法天地之則，乃可以知天地之禍福而爲治矣。

十四章依託黃帝、力黑討論大庭氏何以治天下的傳說。黃帝問力黑曰：

〔註127〕《尚書正義》卷三《舜典第二》「蠻夷猾夏」傳，〔清〕阮元校刻《十三經注疏》上冊，第130頁下。

〔註128〕〔漢〕河上公撰：《老子道德經》卷下《顯質第八十一》「善言不辯」注，清《四庫全書》本。

〔註129〕魏啓鵬著：《馬王堆漢墓帛書〈黃帝書〉箋證》，第157頁。

〔註130〕《毛詩正義》卷十八之二《大雅・云漢》「則不可沮」傳，〔清〕阮元校刻《十三經注疏》上冊，第562頁中。

〔註131〕譚戒甫說：「凡物必有形，再由形給它一個名，就叫『形名』」，「『形』即是物的標幟，『名』即是形的表達：物有此形，即有此名」。(見譚戒甫撰：《公孫龍子形名發微》，北京：中華書局，1963年8月，第1頁)這個說法恐怕並不確切，「名」不是「形」的表達，而是源於物之本質屬性，故而「循名」才能「復一」。

〔註132〕注4，陳鼓應注譯：《黃帝四經今注今譯——馬王堆漢墓出土帛書》，第292頁。

〔註133〕〔清〕王聘珍撰：《大戴禮記解詁》，第11頁。

〔註134〕《尚書正義》卷十《微子第十七》「凡有辜罪」正義引，〔清〕阮元校刻《十三經注疏》上冊，第177頁下。

大庭氏「不辨陰陽，不數日月，不識四時，而天開以時，地成以財」，其何以治之哉？辨，「判也」；判，「分也」（《說文・刀部》）。厤，「數也」（《爾雅・釋詁》）。郭氏云：「厤，厤數也，推律所生之數。」〔註135〕識，古文作志，「記也」〔註136〕。蓋大庭氏不判分陰陽，不厤象日月星辰，不記誌四時節氣，而四時節氣循行不悖，土地所生財用豐足。《莊子・胠篋》曰大庭氏之世「民結繩而用之，甘其食，美其服，樂其俗，安其居，鄰國相望，雞狗之音相聞，民至老死而不相往來」，是爲「至治」。黃帝之治或勞於大庭氏而財用有不足之虞，故有是問。力黑曰：

> 力黑曰：大庭氏之有天下也，安徐正靜，柔節先定。晁濕恭儉，卑約生柔。常後而不失體，正信以仁，慈惠以愛人，端正勇，弗敢以先人。中情不判執一毋求。刑於女節，所生乃柔。□□□正德，好德不爭。立於不敢，行於不能。戰示不敢，明埶不能。守弱節而堅之，胥雄節之窮而因之。若此者其民勞不□，飢不怠，死不怨。不曠其眾，不以兵邾，不爲亂首，不爲怨媒，不陰謀，不擅斷疑，不謀削人之野，不謀劫人之宇。愼案其眾，以隨天地之蹤。不擅作事，以待逆節所窮。見地奪力，天逆其時，因而飭之，事還克之。若此者，戰勝不報，取地不反。戰勝於外，福生於內，用力甚少，名聲章明。順之至也。（《順道》）

力黑曰大庭氏之有天下，「安徐正靜，柔節先定」。這是力黑所概括的大庭氏致治之道。《管子》曰：「故賢者安徐正靜，柔節先定」（《勢》）注曰：「先定謙柔之節，然後有所興爲也。」〔註137〕曰：「安徐正靜，柔節先定，虛心平意以待須。」（《九守》）注曰：「人君居位，當安徐而又靜默」，「以和柔爲節，先能定己，然後可定人」，「虛其心，平其意，以待臣之諫說」。清儒或云「須」當作「傾」，謂虛心平意「以待天下之亂」或「以備其傾覆」也〔註138〕。蓋力黑以爲大庭氏處靜守柔，虛心平意而爲治，無爲而無不爲也。如何做到「安徐正靜」，如何才算是「柔節先定」呢？下面的自「晁濕恭儉」至「胥雄

〔註135〕《爾雅注疏》卷二《釋詁下》「厤、秭、算，數也」疏引，〔清〕阮元校刻《十三經注疏》下冊，第2576頁下。

〔註136〕《周禮注疏》卷二十六《春官宗伯第三・保章氏》「以志星辰日月之變動」注，〔清〕阮元校刻《十三經注疏》上冊，第819頁上。

〔註137〕黎翔鳳撰：《管子校注》中冊，第888頁。

〔註138〕黎翔鳳撰：《管子校注》下冊，第1040～1041頁。

節之窮而因之」,自「不曠其眾」至「以待逆節所窮」諸語皆是闡釋的正靜處柔的意思。能做到如此,則可使「民勞不□,飢不怠,死不怨」,可以「戰勝於外,福生於內,用力甚少,名聲章明」。所用皆是至順之道。順者,順於柔、靜之道也。

(二)《十六經》的性質

《十六經》既非《黃帝四經》的內容,《老子》乙本卷前四篇古佚書亦非屬於同一部著作,那麼《十六經》是一篇什麼樣的文獻呢?恐怕需要從它的篇名切入探討。《十六經》篇末「十六經凡四千六□□六」十字,學術界對「六」字有不同的釋讀,「十六經」三字有不同的理解。馬王堆漢墓帛書整理小組最初命名為「十大經」〔註139〕,高亨、董治安兩位學者認為《十大經》就是《漢志》中的《黃帝君臣》十篇,章節數目的不合「大概是傳抄者追題篇名時弄錯了」〔註140〕。後來國家文物局古文獻研究室更名為「十六經」,云「十六經」之「六」本似「大」字而末筆不連接,比之於帛書《要》、《繆和》、《昭力》諸篇之「六」字皆如此寫,故隸定為「六」,然全篇不足十六章之數者,疑「簡編錯亂或亡佚所致」〔註141〕。但裘錫圭先生認為,「細按字形,恐仍當釋為『十大經』」〔註142〕。對於章節數目的不合,陳鼓應先生懷疑「十」字「僅僅是泛指,是個虛數,不是實指」〔註143〕,而高正則認為「十大經」或「十六經」當是「十四經」之誤〔註144〕。李學勤先生亦云「六」應釋讀為「大」,不過他將「十大經」三字分開來讀,認為「十大」是末章章名,篇名則只一個「經」字〔註145〕。魏啓鵬先生以「經」為篇名,卻疑「經」字脫一重文符號,故而以「十大經」為末章章名。

〔註139〕 馬王堆漢墓帛書整理小組編:《經法》,北京:文物出版社,1976 年 5 月。

〔註140〕 高亨、董治安:《〈十大經〉初論》,《歷史研究》,1975 年第 01 期,第 89 頁。

〔註141〕 注 163,國家文物局古文獻研究室編:《馬王堆漢墓帛書(壹)》,第 80 頁。

〔註142〕 注 1,裘錫圭:《馬王堆〈老子〉甲乙本卷前後佚書與「道法家」——兼論〈心術上〉〈白心〉為慎到田駢學派作品》,裘錫圭著《古代文史研究新探》,第 571 頁。

〔註143〕 注 1,陳鼓應注譯:《黃帝四經今注今譯——馬王堆漢墓出土帛書》,第 338 頁。

〔註144〕 高正:《帛書「十四經」正名》,陳鼓應主編《道家文化研究》第三輯,第 283～284 頁。

〔註145〕 李學勤:《馬王堆帛書〈經法·大分〉及其他》,陳鼓應主編《道家文化研究》第三輯,第 274～282 頁。

以「十大經」或「十六經」為篇名固存在著章節數目不合的問題，以「十四經」為篇名則純屬推測，以「經」為篇名雖解決了章節數目不合的問題，但總有不倫不類之嫌。考察對篇名的三種解讀，其實皆拘泥於一個共同的默認前提，那就是這篇佚文本是一篇完整的作品。但問題在於這樣一個默認的前提是否可靠呢？既便不考慮章節數目上的牴牾，而從全篇的體裁及形式來看，似乎也很難合理的解釋清楚這是一篇原本完整的作品。全篇共分為十五章，卻採用了兩種完全不同的體裁形式：第一、二、三、四、五、六、九、十四章依託附會於黃帝君臣的傳說，似乎是一種「歷史」體裁，第七、八、十、十一、十二、十三、十五則是直接議論的形式，兩種體裁形式之間並沒有必然的聯繫，也看不出這兩種體裁形式拼合在一起有什麼特殊的表達效果。裘錫圭先生不認同四篇古佚書即是《黃帝四經》的說法，而推測「它們大概是帛書的主人為了學習黃老言而抄集在一起的」〔註146〕，那麼為什麼《十六經》本身不能亦是帛書的主人為了學習黃老言而抄集在一起呢？國外學者葉山（Robin D. G. Yates）即疑它可能是一些不同時期文章的節選編輯〔註147〕。

葉氏的懷疑很有見地，《十六經》在體裁形式上顯然算不上一篇真正嚴謹的作品，但它各章的思想旨趣卻有著內在的一致性，加工編輯的痕跡十分明顯。如前面所考，若第一章論法天道而任賢為黃帝之基本治道，第二章論法天地陰陽四時而用刑德以為天下正，第三章論清靜自治而治人，第四章論順應天地陰陽萬物之變化以刑德畜正均平天下，第五章論效法天地動靜之道以擒蚩尤，第六章論法天地之道以刑德相用止民之爭，第九章論「循名復一」為治民之成法，第十四章論大庭氏正靜處柔而致治，皆宣揚效法天道清靜無為的治道。至於那沒有依託黃帝君臣傳說而直接闡發議論的七章：若第七章《雌雄節》云知雄守雌可以無凶，第八章《兵容》論法天法地通於人事可以用兵，第十章《三禁》論慎守天地之禁和君令可以致治，第十一章《本伐》論恒行義兵可以暢行無阻，第十二章《前道》論通天時、地利、人和為治國之前道，十三章《行守》論當守天地常道而順應

〔註146〕裘錫圭：《馬王堆帛書〈老子〉乙本卷前古佚書並非〈黃帝四經〉》，陳鼓應主編《道家文化研究》第三輯，第 251 頁。

〔註147〕葉山（Robin D. G. Yates）著，傅海燕譯：《對漢代馬王堆黃老帛書的幾點看法》，湖南省博物館編《馬王堆漢墓研究文集——1992 年馬王堆漢墓國際學術討論會論文選》，長沙：湖南出版社，1994 年 5 月，第 16～26 頁。

人事之義，第十五章《名刑》論清靜無爲審形名以周知萬物得失之理，大致亦皆未離效法天道清靜無爲的思想旨趣。而就整體來看，第一章可謂開宗明義闡明黃帝治道的基本精神，末一章論用此道可周知萬物得失之理，卻似全篇的一個總結，前後首尾呼應，自成體系。而佚書篇末云「十六經凡四千六□□六」者，考之十五章文字，亦大致相當，沒有經過精心編輯如何而能哉！篇題之爭尚不敢妄下論斷，故採用「十六經」的說法，且給它一個名號。

　　《十六經》之爲抄輯而成篇，似已可以論定，然本文眞正關心者，乃在於其中那些依託黃帝君臣的傳說來源於何處？是什麼人寫成於何時？孔子曰：「夫黃帝尚矣」，「先生難言之」（《大戴禮記・五帝德》）。由此可見，這些依託顯然不會出現於孔子之前，甚至也不會包含任何遠古的史影，而基本上是作者闡發自己思想主張的杜撰，類於《管子・輕重》及《莊子》外、雜篇中的那些依託。國家文物局古文獻研究室的整理者推測它是漢初或戰國末期的黃老著作〔註148〕。唐蘭先生認爲它是戰國前期之末至戰國中期之初的鄭國隱者所作，是法家的黃老著作〔註149〕。李學勤、余光明、陳鼓應、王博、龍晦等學者基本認同唐氏有關寫成年代的判斷，不過李氏特別強調它成書於《老子》之後〔註150〕，余氏以之爲原始道家中區別於「老學」的「黃學」著述〔註151〕，陳氏推測它是寫成於稷下的「一時一人之作」〔註152〕，王氏認爲它可能是產生於楚國的「具有法家思想傾向的學者主動利用道家思想來論證法家政治的作品」〔註153〕，龍氏則判斷它是西楚淮南人的作品〔註154〕。也有不同於上述諸家觀點的判斷，如康立推測它是一部

〔註148〕　《出版說明》，國家文物局古文獻研究室編《馬王堆漢墓帛書（壹）》，第2頁。
〔註149〕　唐蘭：《馬王堆出土〈老子〉乙本卷前古佚書的研究──兼論其與漢初儒法鬥爭的關係》，《考古學報》，1975年第1期，第7～16頁。
〔註150〕　李學勤：申論《老子》的年代，李學勤著《古文獻叢論》，第137～145頁。
〔註151〕　余光明著：《〈黃帝四經〉與黃老思想》。
〔註152〕　陳鼓應：《關於帛書〈黃帝四經〉成書年代等問題的研究》，陳鼓應註譯《黃帝四經今註今譯──馬王堆漢墓出土帛書》，第35～46頁。
〔註153〕　王博：《〈黃帝四經〉和〈管子〉四篇》，陳鼓應主編《道家文化研究》第一輯，第198～213頁。
〔註154〕　龍晦：《馬王堆出土〈老子〉乙本前古佚書探源》，《考古學報》，1975年第2期，第23～32頁。

「道表法裏」的漢初作品〔註155〕，高亨、董治安兩位學者認為它「基本是一部戰國時期的法家著作」〔註156〕，任繼愈先生則認為它是成書於戰末年的黃老著作〔註157〕。學術界對於《十六經》寫成年代與學派歸屬考辨已多，此處不再做重複的工作，惟徑探信裘錫圭先生的觀點，以之為寫成於戰國後期中後葉的「道法家」著作〔註158〕。

《十六經》寫成於戰國後期中後葉，那麼它抄輯的那些黃帝傳說也不可能形成於戰國之後。並綜合考慮《管子》、《莊子》兩部文獻中對於黃帝傳說的依託附會，可以推知在戰國中期以後，尤其是戰國後期，依託附會黃帝傳說成為諸子闡發治道思想的一種重要創作形式。如果說《管子》、《莊子》兩書的稱述依託在思想旨趣上還比較雜亂，而《十六經》中依託黃帝君臣的各章在思想旨趣上則顯然自成體系，那麼是否可以說在戰國後期已經形成了一個「黃帝之學」呢？任繼愈、余光明二先生已使用了「黃帝之學」這個名稱概括四篇佚書的思想屬性〔註159〕，裘錫圭先生則認為戰國時期依託黃帝的作品未皆屬於同一思想流派，故而將四篇佚書稱為「黃學」的說法也不妥〔註160〕。案四篇佚書本非同一部著作，《十六經》亦是抄輯而成，裘氏的反對不無道理。但如果從表現形式而論，將那些依託附會黃帝傳說闡發治道的著述名之為「黃帝之學」，作為一個特別的學術現象進行研究又有何不可呢？先秦諸子百家之學，或有著嚴格一貫的思想旨趣，或僅可視作一種學術傳統，劃分的標準並不統一，若所謂「黃帝之學」，顯然可以視作一個具有獨特學術形式而非一致思想體系的學術流派。《管子》、《莊子》中的依託附會可能都是「黃帝之學」的思想資源，甚或出自一些專門的「黃帝之學」著作，而《十六經》則可視作「黃帝之學」的一種代表性著述。不過，《十六經》中的黃帝仍是問道者，所以還不是「黃帝之學」的最高級形式。

〔註155〕 康立：《〈十大經〉的思想和時代》，《歷史研究》，1975 年第 03 期，第 81～85 頁。

〔註156〕 高亨、董治安：《〈十大經〉初論》，《歷史研究》，1975 年第 01 期，第 89 頁。

〔註157〕 任繼愈主編：《中國哲學發展史（秦漢）》，第 105 頁。

〔註158〕 裘錫圭：《馬王堆〈老子〉甲乙本卷前後佚書與「道法家」——兼論〈心術上〉〈白心〉為慎到田駢學派作品》，裘錫圭著《古代文史研究新探》，第 555～573 頁。

〔註159〕 任繼愈主編：《中國哲學發展史（秦漢）》，第 102 頁。余光明著：《〈黃帝四經〉與黃老思想》。

〔註160〕 裘錫圭：《馬王堆〈老子〉甲乙本卷前後佚書與「道法家」——兼論〈心術上〉〈白心〉為慎到田駢學派作品》，裘錫圭著《古代文史研究新探》，第 562 頁。

四、「黃帝之學」與黃老之學

若「黃帝之學」可以成立，則黃帝的形象不能僅僅只是一位虛心問道的「古帝」。第二節中所考察《莊子》依託黃帝答知問道（《知北遊》），與北門成論《咸池》樂理（《天運》），黃帝的形象雖不是「問道者」，然似亦不能算是「知道者」。「黃帝之學」可以成立，黃帝須成爲「道」的最高典範，行爲世範，言爲世則，若堯舜之於儒家。考之於《呂氏春秋》、《韓非子》，在戰國後期後葉還有「黃帝言」的流傳。所謂「黃帝言」，當然也是學者的依託附會，但它們的出現並被奉爲圭臬，說明黃帝已經成爲「道」的最高典範了。這些「黃帝言」或即採輯於《漢志》中那些稱之爲「經」的黃老著述，它們才是「黃帝之學」的最高級形態，也許亦是「黃帝之學」更接近於黃老之學的一環。

（一）《呂氏春秋》、《韓非子》中的「黃帝言」

《呂氏春秋》、《韓非子》皆是寫成戰國後期後葉的著述，尤其是《呂氏春秋》本多襲用其它文獻的內容，所以它們所依託的那些黃帝傳說也多見於其它更早期的文獻中。如《呂氏春秋》云「黃帝師大撓」以明帝王尊師之義（《孟夏紀·尊師》，云黃帝令伶倫作律鑄鐘以明樂不可廢之義（《仲夏紀·古樂》），云「黃帝立四面」以尊賢之義（《孝行覽·本味》），等等。但也存在著與其它早期文獻的一個重要區別，那就是兩書中都稱述有「黃帝言」數則，下面逐則考之。

> 黃帝言曰：「聲禁重，色禁重，衣禁重，香禁重，味禁重，室禁重。」（《呂氏春秋·孟春紀·去私》）

高氏曰：聲、色、衣、香、味、室皆禁其重者，不欲「虛名過其實」，「好色至淫縱」，「衣服踰僭」，「奢侈芬香聞四遠」，「厚味勝食氣傷性」，「宮室崇侈使土木勝」也〔註161〕。按高氏之注，則黃帝此言乃是教人服用適度以保其生。考《去私》篇主旨在於去私爲公，與此適度全生何干？蘇氏疑此語當在《重己》篇內〔註162〕。《重己》篇闡發「重己」「愛己」之義，多舉愛己反害己之事，曰「凡生之長也，順之也，使生不順者欲也，故聖人必先適欲」，極言室大臺高、味眾衣燀之害，故先聖王爲苑囿園池、宮室臺榭、輿馬衣裘、飲食酏醴、聲色音樂之度，蓋引黃帝之言以增加其觀點的權威性耶？

> 黃帝曰：「帝無常處也。有處者乃無處也。」以言不刑蹇，圜道

〔註161〕許維遹撰：《呂氏春秋集釋》上冊，第 29 頁。
〔註162〕許維遹撰：《呂氏春秋集釋》上冊，第 29 頁。

也。(《呂氏春秋・季春紀・圜道》)

高氏曰:「無常處,言無爲而化,乃有處也。」「有處,有爲也。有爲則不能化,乃無處爲也。」根據注解,陳昌齊疑「常處」下脫「乃有處」三字。俞氏曰:「『刑蹇』與『形倨』同」,「然則不刑蹇者,不躓礙也」〔註163〕。處,居也,是常訓。居而不遷,蓋有拘滯、刑蹇、躓礙之義。拘滯、刑蹇、躓礙即不能順應天地變化規律,因時制宜,自以爲是,故不能化民致治。不拘滯、不刑蹇、不躓礙即能夠順應天地變化規律,因時制宜,不自以爲是,故能化民致治。《圜道》曰:「天道圜,地道方,聖王法之,所以立上下。」又曰:「精氣一上一下,圜周復雜,無所稽留,故曰天道圜。」帝者化民,因時制宜而不躓礙,正所以法天之圜道也。《季多紀・序意》亦曰:「嘗得學黃帝之所以誨顓頊矣,爰有大圜在上,大矩在下,汝能法之,爲民父母。蓋聞古之清世,是法天地。」「大圜」即天,「大矩」即地,黃帝誨顓頊法天地,與「帝無常處」文異而義同也。

> 黃帝之時,天先見大螾大螻,黃帝曰:「土氣勝。」土氣勝,故其色尚黃,其事則土。(《呂氏春秋・有始覽・應同》)

> 黃帝曰:「芒芒昧昧,因天之威,與元同氣。」(《呂氏春秋・有始覽・應同》)

《應同》曰:「天爲者時,而不助農於下。類固相召,氣同則合,聲比則應。」乃是闡發「物之從同」,所不同則去的道理。物之從同,「凡帝王者之將興也,天必先見祥乎下民」。「祥,徵應也。」蓋謂帝王將興,天必見徵應以從其同也。「螻,螻蛄。螾,蚯蚓。皆土物。」「則,法也。法土色尚黃。」〔註164〕黃帝之時天見之大螾大螻,二者皆土物,「土氣盛」也。土,黃色,黃帝因順天之徵應法則於土氣,故其色尚黃。物之從同,則帝者同元氣。黃帝曰:「芒芒昧昧,因天之威,與元同氣。」威,則也〔註165〕。元,段注引《九家易》曰「氣之始也」〔註166〕。「芒芒昧昧,廣大之貌」,「因天之威無不敬也」,「與元同氣無不協也」〔註167〕。此黃帝之言治道,當法乎廣大之天而應乎元氣也。

〔註163〕 許維遹撰:《呂氏春秋集釋》上冊,第80頁。
〔註164〕 許維遹撰:《呂氏春秋集釋》上冊,第284頁。
〔註165〕 《毛詩正義》卷十九之三《周頌・有客》「既有淫威」傳,〔清〕阮元校刻《十三經注疏》上冊,第597頁中。
〔註166〕 〔漢〕許慎撰,〔清〕段玉裁注:《說文解字注》,第1頁上。
〔註167〕 許維遹撰:《呂氏春秋集釋》上冊,第287頁。

故嫫母執乎黃帝，黃帝曰：「屬女德而弗忘，與女正而弗衰，雖

惡奚傷？」（《呂氏春秋・孝行覽・遇合》）

孫氏曰：「執猶親厚也」，「言嫫母雖醜而親厚於黃帝耳」。高氏曰：「惡，
醜也。奚，何也。言勅屬女以婦德而不忘失，付與女以內正而不衰疏，故曰
雖醜何傷，明說惡也。」〔註168〕此言黃帝以嫫母服婦德不失，內正不衰而親
愛之，不以其醜為意也。本章引黃帝此言是要闡明遇合無常之理，曰：「凡遇，
合也。時不合，必待合而後行。」又曰：「遇，合也，無常。說，適然也。若
人之於色也，無不知說美者，而美者未必遇也。」黃帝豈不說美色耶？然嫫
母不美，是其不必遇也，卻能以德合也。

黃帝曰：「四時之不正也，正五穀而已矣。」（《呂氏春秋・士容

論・審時》）

「四時之不正也」，蓋謂四時因天地之數循環不息，非人力可得而正也。
「正五穀而已矣」者，五穀人之所種，可因節氣稼穡，使各得其時也。高氏
曰：「五穀正時，食之無病，故曰『正五穀而已』。」〔註169〕《審時》講耕農，
認為耕稼之道在於得「時」，引黃帝之言，正是闡發的這個道理。

黃帝有言曰：「上下一日百戰。」（《韓非子・揚權》）

注曰：「夫上位可寶，上利可貪，居下者常有羨欲之心，欲靜則不能，欲
取則不得，二者交戰，一日有百也。」〔註170〕按注之義，所謂「上下」，乃指
居下者內心的鬥爭，是居下位者欲靜其位與貪圖上位之間的心理鬥爭。然考
《揚權》篇的內容，韓非實是論述君臣上下級之間的關係，故所稱述黃帝言
亦當為說明這種關係。黃帝此言之上下，正是論述君臣上下之間的較量，曰
「下匿其私，用試其上；上操度量，以割其下」云云。

考察上述幾則黃帝之言，或宣揚適度全生，或宣揚法天道而治，或宣揚
遇合以德，或宣揚因時而動，其義旨大致皆同於《莊子》、《十六經》中所闡
發的思想，惟《韓非子・揚權》講權術不見於其它存世文獻，要之亦不離於
「黃帝之學」的學術體系。黃帝事蹟已范昧難稽，這些黃帝之言顯然不會真
是黃帝所說，亦只是後世的依託而已。但其不僅簡要而義涵幽微，更在形式
上表現出與《管子》、《莊子》、《十六經》中那些依託之傳說的不同，黃帝成

〔註168〕　許維遹撰：《呂氏春秋集釋》上冊，第 344 頁。
〔註169〕　許維遹撰：《呂氏春秋集釋》下冊，第 701 頁。
〔註170〕　〔清〕王先慎撰：《韓非子集解》，北京：中華書局，1998 年 7 月，第 51 頁。

爲高深莫測的言道者。這些黃帝言的出現，使得「黃帝之學」的說法可以在真正意義上成立了，因爲黃帝不再只是一位問道者的角色。同樣重要的是，這也使得「黃老之學」的說法可以真正成立了，因爲在一個尊崇黃帝、以黃帝爲治道典範的重要學派中，黃帝也不應僅僅是一位問道者的角色。

（二）「黃帝之學」與黃老之學的形成

隨著馬王堆漢墓帛書的出土，學術界對於黃老之學的研究已獲得很大的進展，從思想內容上說黃老之學是道法融合的產物當大致不差〔註 171〕。但是，先秦文獻中並沒有「黃老」的說法，「黃老」只是到漢初才出現的一個學派〔註 172〕。同時，思想內容上的特點也許並不能反映它形成的歷史脈絡，所謂「道法融合」的產物也完全是用了漢人的話語，而實際上三者在學術演變路徑上的淵源關係還有待進一步釐清。至少在本章的考察來看，戰國中期以後興盛起來的依託附會黃帝傳說闡發治道的「黃帝之學」是漢初黃老學說形成的一個重要淵源。或者可以說，所謂黃老之學並不是一個有體系地一步步發展起來的學說，而只是「黃帝之學」與「老子之學」因旨趣一致而合流的產物〔註 173〕。這個判斷也可以從漢人對黃老之學的界定及記錄的相關著述得到佐證。

司馬談「論六家之要指」稱黃老爲「道德」或道家，曰：

「道家使人精神專一，動合無形，贍足萬物。其爲術也，因陰陽之大順，采儒墨之善，撮名法之要，與時遷移，應物變化，立俗施事，無所不宜，指約而易操，事少而功多。」又曰：「道家無爲，又曰無不爲，其實易行，其辭難知。其術以虛無爲本，以因循爲用。無成埶，無常形，故能究萬物之情。不爲物先，不爲物後，故能爲萬物主。有法無法，因時爲業；有度無度，因物與合。故曰『聖人不朽，時變是守。虛者道之常也，因者君之綱』也。羣臣並至，使

〔註171〕 馮友蘭著：《中國哲學史新編》上冊，第495～495頁。學術界更一般的觀點可能是將黃老之學看作是老子道家的新發展（見吳光著：《黃老之學通論》，杭州：浙江人民出版社，1985年6月。丁原明著：《黃老學論綱》，濟南：山東大學出版社，1997年12月），馮氏的說法似可以包容這種觀點所要表達的意義而免於武斷之嫌。
〔註172〕 此處僅以存世先秦及秦漢文獻中「黃老」一語的出現爲判斷標準，不對其它觀點進行評價。
〔註173〕 余光明先生即是持的這種觀點。見余光明著：《〈黃帝四經〉與黃老思想》。

各自明也。其實中其聲者謂之端，實不中其聲者謂之蒙。欬言不聽，姦乃不生，賢不肖自分，白黑乃形。在所欲用耳，何事不成。乃合大道，混混冥冥。光燿天下，復反無名。凡人所生者神也，所託者形也。神大用則竭，形大勞則敝，形神離則死。死者不可復生，離者不可復反，故聖人重之。由是觀之，神者生之本也，形者生之具也。不先定其神〔形〕，而曰『我有以治天下』，何由哉？」（《史記·太史公自序》）

考司馬談所論黃老，其大道之要固在於「去健羨，絀聰明」（《史記·太史公自序》），然更考《史記》諸篇所記「黃老家」行狀，其為術則不外乎「清靜」（《曹相國世家》、《汲鄭列傳》）、刑名（《老莊申韓列傳》、《儒林列傳》）、道德（《孟子荀卿列傳》）等，實合於本文所謂「黃帝之學」而甚異於純尚無為的「老學」。對於這一點差異，《漢書·藝文志》中其實已經說得很明白，曰：「道家者流，蓋出於史官，歷記成敗存亡禍福古今之道，然後知秉要執本，清虛以自守，卑弱以自持，此君人南面之術也。合於堯之克攘，《易》之嗛嗛，一謙而四益，此其所長也。及放者為之，則欲絕去禮學，兼棄仁義，曰獨任清虛可以為治。」蓋《漢志》認為「道家者流」是專講「君人南面之術」的一派，乃若主張「絕去禮學，兼棄仁義」，「獨任清虛」以為治，則是道家中的「放者」。裘錫圭先生說：「按照這種觀點，莊子無疑是道家中的『放者』，甚至老子也不能看作道家正宗。」〔註174〕其實按照這種觀點，不是「甚至老子也不能看作道家正宗」，而是老子根本就不是「道家者流」的正宗。《漢志》所謂「道家者流」是就漢初黃老之學而論，其直接思想淵源是「黃帝之學」而非「老學」。

從《漢志》所載「道家者流」的著述目錄中也可以看出老莊之學在這一派中是多麼地邊緣。考《漢志》共載錄道家著述「三十七家，九百十三篇」，關涉老莊的著述有《老子鄰氏經傳》四篇、《老子傅氏經說》三十七篇、《老子徐氏經說》六篇、劉向《說老子》四篇、《莊子》五十二篇、《老成子》十八篇、《老萊子》十六篇，合計僅七家一百三十七篇，而其中至少又有《莊子》外、雜篇中的七篇在內容已是超越「獨任清虛」而兼容儒法的了〔註175〕。

〔註174〕裘錫圭：《馬王堆〈老子〉甲乙本卷前後佚書與「道法家」——兼論〈心術上〉〈白心〉為慎到田駢學派作品》，裘錫圭著《古代文史研究新探》，第557頁。
〔註175〕劉笑敢著《莊子哲學及其演變》，第79頁。

至若其它的三十家七百七十六篇，可據傳世文本，或據佚文，或據文獻的介紹，其思想旨趣蓋皆如帛書《十六經》之類，同於「黃帝之學」而大異於老莊。

《漢志》所錄道家著述中有《黃帝四經》四篇、《黃帝銘》六篇、《黃帝君臣》十篇、《雜黃帝》五十八篇、《力牧》二十二篇，注云皆六國時所作，考其名則必依託於黃帝君臣而議論，當是「黃帝之學」的代表性作品。然據《漢志》，依託黃帝以立說的又不止於道家。如於「陰陽家者流」錄有《黃帝泰素》一篇，注云「六國時韓諸公子所作」，蓋述「敬授民時」之法；「小說家者流」錄有《黃帝說》四十篇，「迂誕依託」，「道聽塗說者之所造也」；「兵陰陽」類有《黃帝》十六篇、《封胡》五篇、《風后》十三篇、《力牧》十五篇，「順時而發，推刑德，因隨斗擊，因五勝，假鬼神而爲助者也」；「天文」類有《黃帝雜子氣》三十三篇，因天象以紀吉凶，「聖王所以參政也」；「曆譜」類有《黃帝五家曆》三十三卷，序時定分知命之文也；「五行」類有《黃帝陰陽》二十五卷、《黃帝諸子論陰陽》二十五卷，「言進用五事以順五行也」；等等。諸書雖不在道家，然皆關乎治道，依託於黃帝君臣，當然也是「黃帝之學」的著述。如此，是「黃帝之學」又非黃老之學所能完全涵蓋也。至若「雜占」、「醫經」、「經方」、「房中」、「神僊」諸家所依託於黃帝的著述，雖無關乎治道，然其所以依託於黃帝者，是否亦可以一定程度上反映「黃帝之學」在其時的廣泛影響呢？

小 結

綜上所考，可知在戰國中期以前黃帝的傳說流傳的很少，以致於「先生難言之」（《大載禮記‧五帝德》）。黃帝的形象其時也比較單純，只是一位通過征伐而王天下的「古帝」，以致於孔子、墨子都不特別表章他。到了戰國中期，面對諸侯紛爭的局勢，田齊欲霸諸侯而王天下，所以「侔嗣桓文，高祖黃帝」成爲齊國的基本國策。田齊的「高祖黃帝」一定程度上刺激了稷下學者依託於黃帝傳說闡發治道的靈感，不過因爲「高祖」之內涵的明確性又限制了他們的隨意發揮，所以爲田齊提供經驗與理論借鑒的《管子》一書中依託的黃帝傳說並不多。但田齊「高祖黃帝」的行爲既已形成影響，就超出稷下範圍，戰國後期竟形成了依託黃帝立論的學術風氣。在傳世與出土文獻

中，《莊子》和帛書《十六經》中都保存了許多依託附會黃帝君臣傳說以闡發治道的章節片段，《呂氏春秋》、《韓非子》兩部文獻中還出現了依託的黃帝之言，《漢書‧藝文志》中更是記錄著許多依託黃帝君臣的著述。這些都表明大概在戰國後期逐步形成了一個通過依託附會黃帝君臣傳說闡發治道的「黃帝之學」。「黃帝之學」主張安徐正靜，柔節先定，倡尊賢親民，刑德相用，制爲等差以畜正均平，亦講用兵止爭之術，實是雜合百家之術而最終以無爲無不爲爲思想旨歸。

　　「黃帝之學」可能是漢初黃老之學最主要的思想源頭，至少從形式上看，黃老之學應該看作是「黃帝之學」與「老學」合流的產物，而不能簡單地認爲僅是道家的新發展或是道法的融合。「黃帝之學」雖亦以虛靜無爲爲旨歸，但乃是主張通過眞有爲以達於無爲，有爲是無爲而治的途徑，與「老學」的純任無爲有著根本的區別。「老學」與「黃帝之學」孰先孰後，或者說二者的關係是一個十分複雜的大問題。考之於傳世與出土的先秦文獻，作爲「老學」主要代表著作的《老子》可能要在戰國中期以後才形成，或不早於孟、莊時代。若孟子闢楊、墨，荀子非十二子，《莊子‧天下》篇述當時學術分化，皆不一言及《老子》，蓋其時《老子》尚未出現或影響不廣耶？至韓非《解老》、《喻老》，《老子》之書名始見之於文獻，蓋《老子》之表章由韓非耶？《老子》的形成年代實是一關涉整個先秦學術史的大課題，學術界雖已討論甚夥，至今仍未能形成確切的結論〔註176〕，誠非本章隻言片語所能解決，故而姑且存而不論。

〔註176〕何炳棣：《司馬談、遷與老子年代》，何炳棣著《有關〈孫子〉〈老子〉的三篇考證》，臺北：中央研究院近代史研究所，中華民國九十一年八月，第 71～72 頁。

第五章 「古帝」傳說演變的歷史考察

　　第二、三、四章已分別考察了先秦文獻中堯舜傳說、黃帝傳說的思想內涵及它們的歷史演變，孔子「祖述堯舜」在春秋之末，學者鼓吹堯舜「禪讓」始於戰國前中期之際，田齊「高祖黃帝」已是戰國中期中葉的事情，那麼這三者之間有什麼樣的聯繫呢？傳說中堯舜「政治」在於「知人」「安民」，「禪讓」說或可視作對堯舜「知人」之政的一種發揮，而若「黃帝之學」則在旨趣上大異於二者。實際上，由孔子「祖述堯舜」到一些學者鼓吹堯舜「禪讓」，再到「黃帝之學」的形成，重要的不是它們之間存在著內在的學理邏輯，而在於它們皆是激於不同歷史時期的社會政治現實發生底，反映著整個春秋戰國時期的政治發展。或者反過來說，先秦文獻中「古帝」傳說的演變是春秋戰國時期政治發展在思想學術上的反映。錢穆先生云：「晚周先秦之際，三家分晉，田氏篡齊，爲一變。徐州相王，五國繼之，爲再變。齊秦分帝，逮乎一統，爲三變。」〔註1〕從文獻來看，整個春秋戰國的政治發展經歷了爭霸、爭王、爭帝三個主題的變遷，變遷之路徑大致合於錢氏「三變」之說。探討清楚「古帝」傳說之演變與春秋戰國政治發展之間的互動關係，才最終證成本文的思想史意義。下面就以爭霸、爭王、爭帝這三個政治主題的變遷爲線索，分爲三個部分詳細考察由春秋之末孔子「祖述堯舜」，到戰國中期學者鼓吹堯舜「禪讓」，再到戰國後期「黃帝之學」的演變。

一、爭霸亂局與堯舜「政治」

　　自平王東遷，周王室的頹勢已不可逆轉，不僅四夷交侵中國，即使華夏

〔註1〕 錢穆：《自序》，錢穆著《先秦諸子繫年》，第47頁。

諸侯也不再順從王命，於是齊桓公在管子的輔佐下始「尊王攘夷」以成霸業，整個春秋時代的政治基本上圍繞著「爭霸」這一主題展開，諸侯繼桓公之緒而成一時霸主的又有晉文、秦穆、楚莊、宋襄、吳王闔廬、越王夫差等。《白虎通》曰：「霸者，伯也，行方伯之職，會諸侯，朝天子，不失人臣之義。」（《號》）又曰：「伯，長也，選擇賢良，使長一州，故謂之伯也。」（《封公侯》）考《周禮》曰：「上公九命為伯。」（《春官宗伯‧典命》）《禮記》曰：「五官之長曰伯。」（《曲禮下》）又曰：「千里之外設方伯」，「八州八伯」，「八伯各以其屬屬於天子之老二人，分天下以為左右，曰二伯」（《王制》）。《左傳》曰：「王合諸侯，則伯帥侯牧以見於王。」（《哀十三年》）蓋「伯」本是統率一方諸侯的諸侯之長，是天子所策命。然至於周室之衰，諸侯力征，於是若齊桓晉文者乃以武力霸諸侯，已非《周禮》意義上的諸侯之長，而只是周天子不得已對於既定事實的一種追認罷了。故《白虎通》又曰：「霸猶迫也，把也，迫脅諸侯，把持其政。」（《號》）鄭氏曰：「天子衰，諸侯興，故曰霸。霸，把也，言把持王者之政教。」〔註2〕

「天下有道，則禮樂征伐自天子出；天下無道，則禮樂征伐自諸侯出。」（《論語‧季氏》）禮崩樂壞，諸侯爭霸就是「禮樂征伐自諸侯出」的局面。在諸侯爭霸的大亂局下，伴隨的必然是無盡的征伐兼併以及各國內政的動蕩。孟子曰：「春秋無義戰。」（《孟子‧盡心下》）太史公曰：「《春秋》之中，弒君三十六，亡國五十二，諸侯奔走不得保其社稷者不可勝數。」（《史記‧太史公自序》）《春秋》記魯隱公元年（公元前 722 年）至魯哀公十四年（公元前 481 年）事，前後合計正二百四十二年，二百四十二年之間大小戰爭不斷，和平年份總計不過 38 年〔註3〕。根據呂振羽先生的統計，《春秋》一書「言『侵』的有六十次，言『伐』的有二百十二次，言『圍』有四十四次，言『取師』的三次，言『戰』的二十三次，言『入』的二十七次，言『進』的二次，言『取』言『滅』的更不易勝數」〔註4〕。

到了春秋後期，不僅禮樂征伐不自天子出，並且在齊、晉、魯、宋等國

〔註 2〕 《春秋左傳正義》卷二十五《成二年》「五伯之霸也」疏引，〔清〕阮元校刻
《十三經注疏》下冊，第 1895 頁下。

〔註 3〕 許倬雲著：《中國古代社會史論──春秋戰國時期的社會流動》，桂林：廣西
師範大學出版社，2006 年 1 月，第 66～67 頁。

〔註 4〕 呂振羽著：《簡明中國通史》，北平：生活書屋，中華民國三十四年十一年，
第 108 頁。

也不再自諸侯出，而是「自大夫出」，甚至「陪臣執國命」了（《論語・季氏》）。如魯有三桓，齊有國高鮑田，晉有六卿，宋有桓穆之族等。政不在公門，公室與大夫相與聚斂兼併，苛政猛於虎，民無所依，以致晏嬰叔向皆有「季世」之歎（《左傳・昭公三年》）。面對這種紛亂的局面，其時列國大夫之賢者若鄭子產，晉叔向、齊晏嬰等，也只能碌碌於補一時之弊，而無以提出一個徹底的改良方案。如子產即直言：「僑不才，不能及子孫，吾以救世也。」（《左傳・昭六年》）正義曰：「所以救當世也。」〔註5〕孔子生當其時，哀民生之多艱，憂文明將絕緒，乃揭櫫仁義，栖栖皇皇，志在「克己復禮」（《論語・顏淵》），再造「東周」（《陽貨》），既不能用於世，晚年返魯乃退而整理「六經」，守先以待後。

　　《中庸》曰：「仲尼祖述堯舜，憲章文武。」「克己復禮」而再造「東周」即是「憲章文武」事，孔子自云「吾從周」（《論語・八佾》），自「十有五而志于學」（《為政》）以至周遊列國，所孜孜以求者惟在於損益周禮而致太平，經傳載之甚明。周禮之中自然蘊含著自堯舜禹湯以至文武的那個一以貫之的「道」，但「祖述堯舜」則是更明確地要傳承那個一以貫之的「道」。孔子明確「祖述堯舜」可能已是返魯以後事。孔子晚年思想體系中「道」與「德」的成份上升〔註6〕，「祖述堯舜」正是遠宗其道，蓋是孔子晚年思想學術上所發生之轉變。孔子答宰我問五帝德，尚不以五帝之事為意（《大戴禮記・五帝德》）。而顏淵問為邦，子曰：「行夏之時，乘殷之輅，服周之冕，樂則《韶》舞。」（《衛靈公》）這個回答體現了因革損益的思想，正是孔子對待制度變遷的基本態度。但考《中庸》及《論語》之《為政》、《八佾》諸篇中孔子論禮樂制度因革損益之言，皆只及夏、殷、周三代，而云「從周」，此處卻稱及《韶》舞，是一個十分值得注意的變化。

　　《韶》是舜樂〔註7〕，《尚書・皋陶謨》曰：「簫《韶》九成，鳳皇來儀。」

〔註5〕《春秋左傳正義》卷四十三《昭六年》，〔清〕阮元校刻《十三經注疏》下冊，第 2044 頁中。

〔註6〕周生春、明旭：論孔子為學的歷程及其思想的演變，《哲學研究》，2003 年第 6 期，第 31～35 頁。

〔註7〕劉起釪先生據《左傳・襄二十九年》「請觀於周樂」和《論語・述而》「子在齊聞《韶》」語，認為《韶》是周樂，與舜無關（《尚書校釋譯論（第一冊）》，第 492 頁），實是對文獻的誤解。《左傳》所謂「請觀於周樂」者，蓋指周王室所用之樂，非指周人制作之樂，何以不能傳自前代？《論語》所謂「子在齊聞《韶》」者，乃是指孔子聞《韶》的地點，而非謂《韶》為齊人制作也。

蓋樂必有舞，如季札觀樂「見舞《韶》箾者」（《左傳·襄二十九年》），故曰「樂則《韶》舞」。公子季札見舞《韶》箾者曰：「德至矣哉！大矣！如天之無不幬也，如地之無不載也，雖甚盛德，其蔑以加於此矣！觀止矣！若有他樂，吾不敢請已。」（《左傳·襄二十九年》）孔子在齊聞《韶》，乃至「三月不知肉味」，曰：「不圖爲樂之至於斯也！」（《論語·述而》）又曰《韶》：「盡美矣，又盡善也。」（《八佾》）是公子季札與孔子所稱頌者，不僅在於《韶》樂的「聲容之盛」。子曰：「樂云樂云，鐘鼓云乎哉？」（《陽貨》）《禮記·樂記》曰：「觀其舞，知其德」，樂者「德成而上，藝成而下」。又曰：「韶，繼也。」鄭氏云：「《韶》之言紹也，言舜能繼紹堯之德。」〔註8〕朱子曰：「美者，聲容之盛。善者，美之實也。」「舜紹堯致治」，是以其樂盡美；堯舜之道「性之也」，故又盡善〔註9〕。所以，公子季札與孔子所稱頌者更主要的乃是《韶》樂所體現的堯舜之「盛德」。那麼，進一步說，孔子所謂「樂則《韶》舞」者，顯然非徒襲其「聲容之盛」，乃是有著紹繼堯舜之德以致治的理想在其中。於此，孔子不僅要「憲章文武」，也要「祖述堯舜」了。

　　孔子答顏淵問「爲邦」事當在晚年，是反魯以後的事，當然也應該在顏子卒之前〔註10〕。包括《論語》、二戴《禮記》、上博簡中所記孔子對於堯舜的稱頌，以及《禮記·禮運》篇的「大同」「小康」之論，皆應是孔子晚年的話語。蓋孔子反魯之後，「魯終不能用孔子，孔子亦不求仕」（《史記·孔子世家》），而專心從事教育與學術事業。然此時孔子於學問德性仍有進一步的升華，對道、器有更深刻的體認，於社會政治理想上有更高之規劃。孔子整理「六經」，刪《詩》、《書》，定「禮記」，正樂，序《易》傳，作《春秋》（《史記·孔子世家》），所編撰整理之《尚書·虞書》即是堯舜之道、堯舜「政治」最全面的記述。第二章中已探討了孔子「祖述堯舜」的思想內涵，就是「允迪厥德」而達於「知人」「安民」。「允迪厥德」說的是踐「道」，「知人」「安民」則是道之行。

　　《韶》爲舜樂之説，當淵源有自，非儒家所附會也。

〔註8〕　《春秋左傳正義》卷三十九《襄二十九年》正義，〔清〕阮元校刻：十三經注疏（下冊），第 2008 頁中。

〔註9〕　〔宋〕朱熹撰：四書章句集注，北京：中華書局，1983 年 10 月第 1 版，第 68 頁。

〔註10〕案《史記·孔子世家》，顏子卒於魯哀公十四年，時孔子七十一歲矣。對於顏子的生卒年，錢穆先生有詳細的考證。見錢穆著：《先秦諸子繫年》二六《孔鯉顏回卒年考》，第 60～62 頁。

孔子致力於社會的徹底改良，故「祖述堯舜，憲章文武」而鮮稱五霸。堯舜公天下，禹湯文武家天下，但其平治天下之道皆務在「知人」「安民」，天下之民樂往歸之，故曰「王道」。齊桓晉文等春秋霸主富國強兵之道，務在把持諸侯行己之欲，故稱之為「霸道」。「王」是有天下之號，「霸」則本指諸侯之長而臣於「王」。「王道」與「霸道」是兩種不同的治道。《禮記・表記》曰：「道有至有義有考，至道以王，義道以霸，考道以為無失。」鄭氏曰：「有至，謂兼仁義者。有義，則無仁矣。有攷，攷，成也，能取仁義之一成之以不失於人，非性也。」〔註11〕故正義引《穀梁傳》云「仁義歸往曰王」〔註12〕，《逸周書》云「仁義所在曰王」（《諡法》）。今本《穀梁傳》未有此語，而曰「其曰王者，民之所歸往也。」（《莊三年》）如何是民之所歸往呢？所謂「舜一徙成邑，貳徙成都，參徙成國」（《管子・治國》）者是也。又《祭義》曰：「至孝近乎王，至弟近乎霸。至孝近乎王，雖天子必有父。至弟近乎霸，雖諸侯必有兄。」蓋王者有五貴，「貴有德，貴貴，貴老，敬長，慈幼」，此五者「先王之所以定天下也」。「貴有德何為也？為其近於道也。貴貴，為其近於君也。貴老，為其近於親也。敬長，為其近於兄也。慈幼，為其近於子也。」「至孝近乎王」者，言王者亦須「貴老」，即謂「雖天子之尊，必有事之如父者」；「至弟近乎霸」者，言諸侯亦須「敬長」，即謂「雖諸侯之貴，必有事之如兄者」〔註13〕。按兩篇之說，是「王」優於「霸」，但「霸道」確是諸侯富國強兵的捷徑，所以孔子之後的爭霸戰爭愈演愈烈。

二、諸侯「相王」背景下的政治思潮

孔子之後，戰國的政治發展繼續沿著爭霸的路徑演進，但這個看似一如既往的舊路徑下正醞釀著質的變化，至戰國前期後葉中期前葉之際，有趙、魏、韓三家分晉和田氏篡齊，周王室既名分不守，戰國中期中後葉之際諸侯又繼之以竊「王」號自娛。與這些激烈的政治變遷相激蕩，思想學術更加多元化。

〔註11〕 《禮記正義》卷五十四《表記第三十二》，〔清〕阮元校刻《十三經注疏》下冊，第 1639 頁上。

〔註12〕 《禮記正義》卷五十四《表記第三十二》正義引，〔清〕阮元校刻《十三經注疏》下冊，第 1639 頁中。

〔註13〕 《禮記正義》卷四十七《祭義第二十四》正義，〔清〕阮元校刻《十三經注疏》下冊，第 1594 頁中。

（一）周天子名分不守

「陪臣執國命」的情況似乎惟魯陽虎一例爲著，但「禮樂征伐自大夫出」的情勢卻影響深遠。尤其在晉、齊兩國，執政的卿大夫之間亦矛盾重重，一些卿大夫在彼此的爭鬥中消亡，存留下來的卿大夫則地位日益鞏固，勢力範圍日益擴大，野心也日益膨脹，生出了立爲諸侯的實力與想法了，於是有了趙、魏、韓三家分晉，有了田氏的簒齊。

1. 三家分晉

晉國卿大夫之間的爭鬥兼併在春秋時期已十分劇烈，《左傳·昭三年》記叔向之語曰：「民聞公命，如逃寇仇。欒、郤、胥、原、狐、續、慶、伯，降在皁隸。政在家門，民無所依，君日不悛，以樂慆憂。公室之卑，其何日之有？」經過一系列的相互火拼，到了戰國之初，晉的卿大夫之族止剩知、趙、魏、韓四家，其中尤以知氏爲強大，趙、魏、韓三家從之。知氏強，知伯有兼併三家之心，嘗索地於三家，魏、韓予之，趙不予。周貞定王十五年（公元前 454 年），知伯遂縱韓、魏共伐趙氏，圍趙氏於晉陽歲餘，引汾水灌城。然魏、韓二家實亦畏知氏禍己，遂於周貞定王十六年（公元前 453 年）與趙氏聯合，共滅知氏而分其地。晉國於是分爲三家，晉君形同虛設。三家滅知氏次年，即周貞定王十七年（公元前 452 年），晉出公奔楚，三家立敬公。

晉敬公六年，即周貞定王二十三年（公元前 446 年），魏斯初立〔註14〕。晉敬公十八年卒，子幽公柳立。「幽公時，晉畏，反朝韓、趙、魏之君。獨有絳、曲沃，餘皆入三晉。」（《史記·晉世家》）周威烈王二年（公元前 424 年），魏斯自稱爲侯而改元〔註15〕。周威烈王十年（公元前 416 年），晉幽公爲盜所殺，魏文侯以兵誅晉亂，立幽公子止爲烈公。「晉烈公十二年，王命韓景子、趙烈子、翟員伐齊入長城。」（《竹書紀年》）晉烈公十二年當周威烈王二十二年（公元前 404 年），翟員是魏將，這次奉王命伐齊，成爲三家列於周室的政治資本。《呂氏春秋·下賢》記魏文侯禮士之效曰：「故南勝荊於連堤，東勝齊於長城，虜齊侯獻諸天子，天子賞文侯以上聞。」既「賞文侯以上聞」，三家伐齊，則亦賞趙、韓兩家「以上聞」也。所謂「上聞」，就是說三家可以直接通於天子，而不必再經由晉侯，是爲周天子對三家地位在事實上的承認。

〔註14〕楊寬著：《戰國史料編年輯證》卷二「周貞定王二十三年」，第 117～120 頁。
〔註15〕楊寬著：《戰國史料編年輯證》卷二「周威烈王二年」，第 142～143 頁。

次年，亦即周威烈王二十三年，周天子正式命韓、趙、魏三家爲諸侯。三家既列於周室，就不再是晉國之臣，晉君之地一再被奪而遷移，「至魏惠王、韓昭侯、趙肅侯時，尙未全滅而食於一邑」〔註16〕。

2. 田氏篡齊

在趙、魏、韓三家瓜分晉國的時候，齊國的田氏也正一步步地取代姜齊。田氏之祖田完本是陳國庶公子，避陳亂奔齊。「敬仲之如齊，以陳字爲田氏。」（《史記・田敬仲完世家》）敬仲生孟夷。孟夷生湣孟莊。湣孟莊生文子須無，事齊莊公。文子生桓子無宇，田桓子有力，亦事齊莊公，甚有寵。無宇生田釐子乞，事齊景公爲大夫，賦貸行陰德於民，甚得衆心而宗族益彊。《左傳》記晏子曰：「齊其爲陳氏矣！公棄其民，而歸於陳氏。齊舊四量，豆、區、釜、鐘。四升爲豆，各自其四，以登於釜。釜十則鐘。陳氏三量，皆登一焉，鐘乃大矣。以家量貸，而以公量收之。山木如市，弗加於山。魚鹽蜃蛤，弗加於海。民參其力，二入於公，而衣食其一。公聚朽蠹，而三老凍餒。國之諸市，屨賤踊貴。民人痛疾，而或燠休之，其愛之如父母，而歸之如流水，欲無獲民，將焉辟之？箕伯、直柄、虞遂、伯戲，其相胡公、大姬，已在齊矣。」（《昭三年》）齊景公卒，相國惠子與高昭子受命立晏孺子，田乞廢殺孺子而立公子陽生，是爲齊悼公。孺子之廢，國惠子奔莒，高昭子被殺而晏圉奔魯，故田乞爲相專齊政。

乞生子恒，是爲田成子。鮑牧弒悼公，齊人立其子壬爲簡公，田成子與監止俱爲左右相。田恒心害監止而欲去之，於是復修釐子之政，以大斗出貸，以小斗收，收齊人之心。簡公四年，田氏之徒殺監止而逐弒簡公，立簡公弟爲平公，田恒仍爲相。田恒相齊平公，專齊國之刑罰，行之五年而齊國之政皆歸田氏，田恒於是盡誅鮑、晏及公族之彊者，「割齊自安平以東至琅邪，自爲封邑」，大於平公之所食（《田敬仲完世家》）。田恒卒，子襄子盤代立。齊宣公三年，三晉滅知氏，襄子乃使「其兄弟宗人盡爲齊都邑大夫，與三晉通使，且以有齊國」（《田敬仲完世家》）。所謂「以有齊國」，是說田氏像趙、魏、韓那樣已實際控制了齊國，不僅控制了齊國之政，而且控制了齊國的大部分土地，田恒時封邑已大於公室。但於名分上田氏仍只是齊國執政，還沒有「上聞」於天子，田氏代姜列於周室爲諸侯是太公和時事。

〔註16〕 楊寬著：《戰國史料編年輯證》卷五「周安王二十六年」，第249頁。

襄子卒，子莊子白立。莊子卒，立田悼子。悼子卒，田太公和立。時齊康公淫於酒色，「太公乃遷康公於海上，食一城，以奉其先祀」（《田敬仲完世家》）。遷康公三年，田和與魏文侯會濁澤，求爲諸侯，「魏文侯乃使使言周天子及諸侯，請立齊相田和爲諸侯，周天子許之」（《田敬仲完世家》）。遷康公六年，即周安王十六年（公元前 386 年），「田和立爲齊侯，列於周室，紀元年」（《田敬仲完世家》）。「列於周室」即正式成爲諸侯，直接「上聞」於周天子而非再是姜齊之大夫。田氏篡有齊國，康公惟食於海上一城。至田侯剡六年，亦即周安王二十三年（公元前 379 年），康公乃卒，實際在位共二十六年。康公既卒，「呂氏遂絕其祀，田氏卒有齊國」（《齊世家》、《田敬仲完世家》）。

三家分晉，田氏篡齊是戰國政治發展中的重大事件，不僅是整個政治格局的大調整，而且使得政治發展的主題將發生質的轉變。夫三代「家天下」，「大人世及以爲禮」（《禮記・禮運》），天子、諸侯、卿大夫、士各有名分，不可移易。故孔子曰：「君君，臣臣，父父，子子。」（《論語・顏淵》）曰：「必也正名乎！」（《子路》）周天子許三晉與田氏爲諸侯，實際上是對大夫竊國行爲的認可，是對君臣名分的破壞。名分既由天子壞，則周禮何以維持！溫公議論周威烈王分封三晉事最爲深刻，曰：「嗚呼！幽、厲失德，周道日衰，綱紀散壞，下陵上替，諸侯專征，大夫擅政，禮之大體什喪七八矣，然文、武之祀猶緜緜相屬者，蓋以周之子孫尚能守其名分故也。」「今晉大夫暴蔑其君，剖分晉國，天子既不能討，又寵秩之，使列於諸侯，是區區之名分復不能守而并棄之也。先王之禮於斯盡矣！」「夫三晉雖強，苟不顧天下之誅而犯義侵禮，則不請於天子而自立矣。不請於天子而自立，則爲悖逆之臣，天下苟有桓、文之君，必奉禮義而征之。今請於天子而天子許之，是受天子之命而爲諸侯也，誰得而討之！故三晉之列於諸侯，非三晉之壞禮，乃天子自壞之也。」（《資治通鑑・周紀一》）先有威烈王封三晉爲諸侯，故繼有田氏敢「求爲諸侯」。雖然，周室之衰非一日之政，名分亦非可以空守，但大夫既可以列爲諸侯，那麼諸侯僭王又何日之遠也。

（二）諸侯「相王」

孔子曰：「天無二日，土無二王。」（《禮記・曾子問》、《坊記》）其實這個「王」只是指天子而言，天子王天下，故惟一人。若是作爲君主的稱號，在先秦時期則沒有這麼嚴格的限定。夏代文獻闕如，當時的情況已不可詳考，

而商、周二代皆存在著天子以外的「王」，即存在著諸侯稱王的現象。在商代，除商王外，「還存在其他的稱王者，他們的地位與當時的侯、伯略相等同，而與至尊的商王則是迥然不同的」〔註17〕。周代制度已比商代嚴格的多，諸侯稱號已沒有商代那麼隨意，其稱王者「西周時期屬周邦以外的戎狄首領，春秋時期仍限於徐、楚、吳、越這類蠻夷之國」〔註18〕。對於這種現象，王國維先生解釋說：「古諸侯於境內稱王與稱君稱公無異」，「蓋古時天澤之分未嚴，諸侯在國內自有稱王之俗」〔註19〕。

周代戎狄首領之稱王是正常現象，史料中多有記載。如《史記·六國年表》與《秦本紀》皆云：「秦厲共公三十三年，伐義渠，虜其王。」《後漢書·西羌傳》亦云：「是時義渠大荔最強，築城數十，皆自稱王。」「是時」正春秋之末，在秦厲共公之前。周禮之制：「邦內甸服，邦外侯服，侯衛賓服，蠻夷要服，戎狄荒服。甸服者祭，侯服者祀，賓服者享，要服者貢，荒服者王。日祭，月祀，時享，歲貢，終王。」（《國語·周語上·穆王將征犬戎》）「戎狄荒服」，只要「以其職來王」即可，於其部落內稱王自娛誠不足怪。即便那荊楚的稱王，雖有周室衰弱的因素在其中，亦本在蠻夷，「不與中國之號諡」（《史記·楚世家》）也。吳、越稱王的情形同於荊楚。直到春秋之末，華夏諸國皆沒有公然稱王者，應該是周之宗法封建制相對嚴密的緣故。周敬王三十八年（公元前 482 年）黃池之會，晉國且迫吳王貶號稱「公」（《國語·吳語·吳王昏乃戒》）。

戰國前期以至三晉與田氏列為諸侯以後的四五十年間，政治發展的主題都還是爭霸，齊威王即位之初的「侏儡桓文」即是明證。戰國前期也有許多戰爭，但由於一些諸侯國若晉、齊、秦、宋、魯等皆忙於內部爭鬥，似乎大的會盟不多。不過從文獻的記載來看，在戰國前中期之際以至於諸侯相王之前，魏國顯然是一個新興的霸國。這得益於魏文侯、魏武侯父子兩代的尊賢圖治。魏文侯立於周貞定王二十三年（公元前446年），卒於周安王六年（公元前396年），在位五十年，尊賢下士，勵精圖治，魏以新興之國而強於諸侯。

〔註17〕 齊文心：《關於商代稱王的封國君長的探討》，《歷史研究（雙月刊）》總第 174 期，1985 年第 2 期，第 76 頁。
〔註18〕 王世民：《西周春秋金文中的諸侯爵稱》，《歷史研究（雙月刊）》總第 163 期，1983 年第 3 期，第 17 頁。
〔註19〕 王國維：《古諸侯稱王說》，王國維撰《觀堂別集》卷一，《海甯王忠慤公遺書》本。

魏文侯卒後，其子魏武侯延續了文侯之治，又有二十六年。從國力上來說，魏國當是戰國前期中後葉至戰國中期前葉當之無愧的霸主。恃文、武兩代所積蓄的國力，魏惠成王即位後便開始了全面的對外戰爭。

魏惠立於周烈王七年（公元前 369 年），當年有韓、趙濁澤之圍，惠王「敗邯鄲之師於平陽」（《竹書紀年》），又「敗韓於馬陵，敗趙於懷」[註20]。其時秦、齊已日漸強盛起來。周顯王元年（公元前 368 年），即魏惠二年，齊伐魏，魏獻觀以和。周顯王五年（公元前 364 年），秦與三晉戰於石門，「斬首六萬」，天子以賀（《史記·秦本紀》、《六國年表》）。周顯王七年（公元前 362 年），秦與魏戰於少梁，虜其將公孫痤或曰太子。此後，魏在與秦、齊的戰爭中基本上處於劣勢，一再失敗，也只有在與趙、韓的戰爭中才占有優勢，能役使魯、衛、宋、鄭（鄭即韓）等小國之君。與秦戰少梁的同年，魏敗韓、趙於澮，伐邯鄲取列人，取肥。次年，又伐趙取皮牢，會韓釐侯於巫沙，復取韓之朱。周顯王十三年（公元前 356 年），魯、衛、宋、鄭之君朝魏。

相較秦、齊的日漸強盛，並由於魏惠的好兵黷武，魏的國勢其實已經開始衰落，但魏惠王沒有明白這一點，不思加強內治，而醉心於向外征伐。周顯王十五年（公元前 354 年），即魏惠王十六年，又與秦戰元里，爲秦斬首七千，取少梁，而魏復圍趙邯鄲。魏惠欲攻邯鄲，季梁諫曰：「今王動欲成霸王，舉欲信於天下，恃王國之大，兵之精銳，而攻邯鄲，以廣地尊名。王之動欲數，而離王愈遠耳！猶至楚而北行也。」（《戰國策·魏四·魏王欲攻邯鄲》）「霸王」並稱，蓋魏惠此時已有王天下之心。次年，韓昭釐侯執珪朝魏，正是迎合魏惠稱王之欲，申不害曰：「我執珪於魏，魏君必得志於韓，必外靡於天下矣，是魏弊矣。諸侯惡魏必事韓，是我免於人一之下，而信於萬人之上也。夫弱魏之兵而重韓之權，莫如朝魏。」（《韓三·謂鄭王曰昭釐侯》）是魏儼然有王天下之形矣。然齊攻魏救趙，大破魏於桂陵。又次年，諸侯圍魏襄陵，秦又圍魏安邑降之。不過魏以韓師敗諸侯之圍，使得魏惠的野心並未因桂陵、安邑之敗而稍減。

蘇秦說齊閔王曰：「昔者魏王擁土千里，帶甲三十六萬，其強而拔邯鄲，西圍定陽，又從十二諸侯朝天子，以西謀秦。」（《齊五·蘇秦說齊閔王曰》）

[註20] 此兩役《史記》之《魏世家》、《趙世家》、《韓世家》、《六國年表》或曰在魏惠元年或曰在二年，楊寬先生考證認爲皆是元年事。見楊寬著：《戰國史料編年輯證》卷五「周烈王七年」，第 259～260 頁。

然自魏惠十六年圍邯鄲，到十九年歸還邯鄲，中間又有與秦、齊等諸侯的戰爭，用兵達四年之久，國家實力必然受創，後再經韓、趙之戰，與齊有馬陵之敗，太子死，大將喪，從此衰矣。《呂氏春秋》評魏之衰，曰：「惠子之治魏為本，其治不治。當惠王之時，五十戰而二十敗，所殺者不可勝數，大將、愛子有禽者也。大術之愚，為天下笑，得舉其諱，乃請令周太史更著其名。圍邯鄲三年而弗能取，士民罷潞，國家空虛，天下之兵四至。眾庶誹謗，諸侯不譽，謝於翟翦，而更聽其謀，社稷乃存。名寶散出，土地四削，魏國從此衰矣。」（《審應覽・不屈》）魏國之衰未必全是惠子的責任〔註21〕，但魏因爭戰而衰則是事實。魏惠昧於治道，又不知形勢，竟聽衛鞅之說「先行王服」（《齊五・蘇秦說齊閔王曰》），乃於周顯王二十五年（公元前344年）會諸侯於逢澤，朝天子，自行稱王〔註22〕。

　　商鞅說魏惠「先行王服」是要激化諸侯與魏的矛盾，以緩解魏對秦的壓力。魏惠不自量力，為逢澤之會而稱王，結果諸侯四面來伐。《戰國策》曰：「魏伐邯鄲，因退為逢澤之遇。乘夏車，稱夏王，朝為天子，天下皆從。齊太公聞之〔註23〕，舉兵伐魏，壞地兩分，國家大危。梁王抱質執璧，請為陳侯臣，天下乃釋梁。」（《秦四・或為六國說秦王》）曰：「梁君伐楚勝齊，制趙、韓之兵，驅十二諸侯以朝天子於孟津，後子死，身布冠而拘於秦。」〔註24〕（《秦五・謂秦王曰》）又曰：「魏王說於衛鞅之言也，故身廣公宮，製丹衣，柱建九斿，從七星之旗，此天子之位也，而魏王處之。於是齊、楚怒，諸侯奔齊，齊人伐魏，殺其太子，覆其十萬之軍。魏王大恐，跣行按兵於國，而東次於齊，然後天下乃舍之。」（《齊五・蘇秦說齊閔王曰》）《魏二・齊魏戰於馬陵》中亦記「齊、魏戰于馬陵，齊大勝魏，殺太子申，覆十萬之軍」，魏惠因田嬰「朝齊侯再三」乃得解。

　　齊敗魏於馬陵在周顯王二十八年（公元前341年），當梁惠王二十九年，齊威王十六年，「虜魏太子申，殺將軍龐涓，軍遂大破」（《魏世家》、《竹書紀

〔註21〕 錢穆著：《先秦諸子繫年》九三《惠施仕魏考》，第326～327頁。
〔註22〕 有關此會主導與年代的考證，分別見錢穆著：《先秦諸繫年》八三《逢澤之會乃梁惠王非秦孝公在梁惠王二十七年非周顯王二十七年辨》，第293～297頁。楊寬著：《戰國史料編年輯證》卷七「周顯王二十五年」，第356～359頁。
〔註23〕 田齊太公和卒於公元前385年，當魏武侯十一年。此時伐者是齊威公，故「齊太公」當作「陳侯」或「齊威公」。
〔註24〕 「秦」當作「徐」，見楊寬著：《戰國史料編年輯證》卷七「周顯王二十五年」，第355頁。

年》）。「魏破韓弱，韓、魏之君，因田嬰北面而朝田侯。」（《戰國策・齊一・南梁之難》）其實這場戰爭從去年已經開始，先是魏敗韓於梁、赫，繼而伐趙，齊命田忌與孫臏擊魏救趙，乃有馬陵之役。齊破魏於馬陵的同一年，秦伐魏之西鄙，趙伐魏之北鄙，魏軍皆敗。魏與諸侯間的這場戰爭持續至惠王三十年才結束，魏的國勢可以說從此徹底衰落，魏惠王諸侯的野心嚴重受挫，中國霸主地位一時轉移到齊國。《呂氏春秋》記匡章問惠子曰：「齊王之所以用兵而不休，攻擊人而不止者，其故何也？」惠子曰：「大者可以王，其次可以霸也。」（《開春論・愛類》）是齊之王霸之心亦昭然若揭，所謂「侏嗣桓文，高祖黃帝」是也。蓋其時政治發展的主題正處爭霸向爭王的過渡。魏知齊有王諸侯之心，戰敗之後既折節臣服於齊，於是乃尊王齊侯以「壽黔首之命，免民之死」（《開春論・愛類》）。齊亦知其不能獨王，爲了拉攏魏，亦承認魏之稱王。

　　周顯王三十五年（公元前 334 年），當魏惠王後元元年，齊威王二十三年，魏齊會徐相王。楊寬先生說：所謂齊、魏會徐州相王，「乃魏王朝齊而尊齊侯爲王，而齊亦追認魏侯爲王耳」。「齊威之稱王，乃出於魏惠王，變服折節朝見，並於徐州之會推尊爲王」〔註25〕。既曰「相王」，則意味著「王」已非獨一無二而不再有可以號令天下諸侯的威力了。魏、齊相王，然諸侯欲王者不僅魏、齊。「楚王怒，自將而伐齊，趙應之，大敗齊於徐州。」（《戰國策・魏二・齊魏戰於馬陵》）同一年，周天子再致秦文武胙，承認秦的霸主地位，蓋亦有制衡齊、魏之意。然由楚敗齊於徐州之役觀之，則是齊雖有敗魏之威，亦不足以王諸侯也。楚稱王已久，其伐齊、魏，蓋忌其在名號上與己抗衡也。但楚雖敗齊於徐，終亦不能耐齊、魏如何，不得不默認既成的事實。於此，則諸侯有三王矣。

　　周顯王三十六年（公元前 333 年），即楚、趙伐齊、魏的同一年，還有秦之伐魏。次年，魏、齊共伐趙。再次年，秦攻魏，此役持續到下一年，大敗魏，虜魏將龍賈，斬首八萬，魏納河西地以和。從此以後，秦之對於東方六國，如惡狼逐羣羊，屢屢破軍斬將，一塊塊地將六國蠶食。同年，魏又敗於韓，又有齊伐趙。周顯王四十四年（公元前 325 年），魏惠王後元十年，「秦惠文王十三年四月戊午，君爲王」（《六國年表》）。《周本紀》云：「四十四年，秦惠王稱王，其後諸侯皆爲王。」《秦本紀》曰：「十三年四月戊午，魏君爲

〔註25〕楊寬著：《戰國史料編年輯證》卷八「周顯王三十五年」，第398～399頁。

王，韓亦爲王。」《楚世家》、《田世家》、《張儀列傳》等亦皆有記秦惠稱王之事。楊寬先生認爲，此年秦惠初稱王，亦如魏、齊徐州相王故事，邀魏、韓之君入秦朝見，互相推尊爲王，由張儀主其事〔註 26〕。同年五月，韓威侯復與魏惠王會於巫沙，相互承認而改稱韓宣王，十月韓宣王朝梁。到了周顯王四十六年（公元前 323 年），即魏惠王後元十二年，又有五國相王。楊寬先生以爲「五國」是魏、韓、趙、燕和中山，主要目的在於「合縱抗秦」〔註27〕。於此，秦、齊、楚、三晉與燕皆已稱王，「王」成爲大國諸侯的通用名號，甚至後來連弱宋亦效而爲王。七國既皆稱王，則所謂王者王天下的形勢仍未出現，七國雖有強弱，但皆是萬乘之國，處於並列狀態。

從魏惠的「先行王服」，到七國皆稱王，大致在戰國中期中後葉之際的二十餘年間，考察這二十餘年間的紛亂情形和戰爭之慘烈，比之前代可謂大有過之而無不及。僅以魏爲例，馬陵一役就喪師十萬，顯王三十八年、三十九年（公元前 330 年）秦攻魏又虜其將龍賈而斬首八萬，這還只是文獻明載的兩次戰役中魏國的兵力損失情況。而《呂氏春秋》曰：「當惠王之時，五十戰而二十敗，所殺者不可勝數，大將、愛子有禽者也。」（《審應覽‧不屈》）魏一國的損失已是如此之巨，而卷入戰爭者則非魏一國，若那屢受魏、齊、秦侵削之韓、趙，以及那在戰爭中獲勝之齊、秦、楚，焉爲沒有任何損失？而又何可勝計耶？這樣的社會動蕩，這樣的殘酷現實，該會如何刺激學者的思想呢？

（三）多元思潮下的「古帝」傳說

三家分晉以後的戰國形勢更加複雜，思想學術也更加多元，儒家堅持「王道」政治的追求而以堯舜爲最高的典範，一些學者發揮堯舜「知人」「尊賢」之政而鼓吹「禪讓」，田齊「高祖黃帝」而「黃帝之學」的思想資源也在積累之中。

1. 儒家王霸之辯

《禮記》中的《表記》成於戰國前期，《祭義》成於戰國中期〔註28〕，其說王霸之異已含優劣矣。七十子、子思子及子思子後學之世的儒家文獻存世不多，無以探究當時儒者對於王霸更詳細的議論。而到了孟子之世，七國皆

〔註26〕 楊寬著：《戰國史料編年輯證》卷九「周顯王四十四年」，第 430～431 頁。
〔註27〕 楊寬著：《戰國史料編年輯證》卷九「周顯王四十六年」，第 440～441 頁。
〔註28〕 王鍔著：《〈禮記〉成書考》，北京：中華書局，2007 年 3 月北京。

已稱王，王、霸成爲王天下的兩種不同路徑，「霸道」昌而「王道」微，故孟子遊說諸侯辯王霸之優劣甚力。孟子曰：「予豈好辯哉？予不得已也。」「聖王不作，諸侯放恣，處士橫議，楊朱、墨翟之言盈天下。」曰：「楊墨之道不息，孔子之道不著，是邪說誣民，充塞仁義也。」「我亦欲正人心，息邪說，距詖行，放淫辭，以承三聖者；予豈好辯哉？予不得已也。」（《孟子·滕文公下》）蓋孟子激濁揚清，亟辯王霸，誠時弊所迫也。

齊人「徕嗣桓文，高祖黃帝」，尚武力而輕仁德。孟子見齊宣王，宣王當頭便問：「齊桓、晉文之事可得聞乎？」孟子對曰：「仲尼之徒無道桓、文之事者，是以後世無傳焉。臣未之聞也。無以，則王乎？」（《梁惠王上》）又公孫丑亦問：「夫子當路於齊，管仲、晏子之功可復許乎？」孟子曰：「子誠齊人也，知管仲、晏子而已矣。」（《公孫丑上》）表現出對管、晏之功的十分不屑。孟子王霸之辯的核心在於「以力」還是「以德」，「假仁」還是「行仁」。孟子曰：「以力假仁者霸，霸必有大國，以德行仁者王，王不待大。」（《公孫丑上》）朱子曰：「力，謂土地甲兵之力。假仁者，本無是心，而借其事以爲功者也。霸，若齊桓晉文是也。以德行仁，則自吾之得於心者推之，無適而非仁也。」〔註29〕所以孟子接著又說：「以力服人者，非心服也，力不贍也；以德服人者，中心悅而誠服也。」三王皆「以德行仁」者，若禹成鯀功而紹舜，湯以七十里、文王以百里而成王業。齊桓、晉文等春秋霸主雖亦依於德禮，其實則征伐爲功。

何謂「以力假仁」耶？《左傳·閔元年》記管仲之語云：「親有禮，因重固，間攜貳，覆昏亂，霸王之器也。」《僖十五年》晉陰飴甥云：「貳而執之，服而舍之，德莫厚焉，刑莫威焉，服者懷德，貳者畏刑，此一役也，秦可以霸。」《成二年》賓媚人曰：「五伯之霸也，勤而撫之，以役王命。」《成八年》季文子曰：「霸主將德是以，而二三之，其何以長有諸侯乎？」《成十八年》評晉悼公曰：「舉不失職，官不易方，爵不踰德，師不陵正，旅不偪師，民無謗言，所復霸也。」《昭四年》椒舉言於楚子曰：「今君始得諸侯，其慎禮矣！霸之濟否，在此會也。」又曰：「夫六王二公之事，皆所以示諸侯禮也，諸侯所由用命也。」《昭十年》季桓子曰：「能施也，桓公是以霸。」而薄德棄禮不霸，若司馬子魚之止宋襄公用鄫子爲社（《僖十九年》），叔詹之論楚靈王不

沒（《僖二十二年》），子貢說太宰嚭釋衛侯（《哀十二年》）等皆是也。霸者不違德禮，然霸之爲霸卻是憑得實實在在的征伐。若齊桓公即位二年滅郯，五年伐魯，二十三年伐山戎，三十年伐蔡遂伐楚，九會諸侯（《史記・齊太公世家》）。故宰孔曰：「齊侯不務德而勤遠略，故北伐山戎，南伐楚，西爲此會也。」（《左傳・僖九年》）晉文公即位二年入襄王於周殺王子帶，五年伐曹衛救宋，大敗楚於城濮而有踐土之會，周天子致伯焉（《史記・晉世家》）。故曰：「出穀戍，釋宋圍，一戰而霸，文之教也。」（《左傳・僖二十七年》）巂子則曰：「晉所以霸，師武臣力也。」（《宣十二年》）德禮與仁的關係第二章中已經討論，斯之謂「以力假仁」者霸。

在王霸之間孟子主張「王道」，認爲霸者「以力假仁」不可能走得太遠。孟子曰：「五霸者，三王之罪人也。」爲什麼這樣說呢？因爲「天子討而不伐，諸侯伐而不討」，而「五霸者，摟諸侯以伐諸侯者也」（《告子下》）。朱子曰：「摟，牽也。五霸牽諸侯以伐諸侯，不用天子之命也。」〔註30〕孟子主張「王道」，王者「以德行仁」，就是持續地擴充那個「不忍人之心」。孟子曰：「人皆有不忍人之心。先王有不忍人之心，斯有不忍人之政矣。以不忍人之心，行不忍人之政，治天下可運之掌上。」「苟能充之，足以保四海；苟不充之，不足以事父母。」（《公孫丑上》）故此「王道」政治，孟子有時稱之爲「王政」或「仁政」。曰：「堯舜之道，不以仁政，不能平治天下。」曰：「三代之得天下也以仁，其失天下也以不仁。」（《離婁上》）「王道」政治以「安民」爲務，所以孟子一再強調使民「養生喪死無憾，王道之始也」；「黎民不飢不寒，然而不王者，未之有也」；曰「保民而王，莫之能禦也」（《梁惠王上》）。

孟子辯王霸，堯舜禹湯文武皆王者之典型，然其間又有區別焉。禹湯文武者，「以德行仁」而王。若堯舜，則是「由仁義行」也。孟子曰：「舜明於庶物，察於人倫，由仁義行，非行仁義也。」（《離婁下》）朱子曰：「由仁義行，非行仁義，則仁義已根於心，而所行皆從此出。非以仁義爲美，而後勉強行之，所謂安而行之也。」〔註31〕故孟子又曰：「堯舜，性之也；湯武，身之也；五霸，假之也。」（《盡心上》、《盡心下》）尹氏曰：「性之者，與道一

〔註30〕〔宋〕朱熹撰：《孟子集注》卷十二《告子章句下》，〔宋〕朱熹撰《四書章句集注》，第 344 頁。

〔註31〕〔宋〕朱熹撰：《孟子集注》卷八《離婁章句下》，〔宋〕朱熹撰《四書章句集注》，第 294 頁。

也；身之者，履之也，及其成功則一也。五霸則假之而已，是以功烈如彼其卑也。」朱子曰：「堯舜天性渾全，不假修習。湯武修身體道，以復其性。五霸則假借仁義之名，以求濟其貪欲之私耳。」〔註32〕呂氏曰：「無意而安行，性者也，有意利行，而至於無意，復性者也。堯舜不失其性，湯武善反其性，及其成功則一也。」朱子又曰：「性者，得全於天，無所汙壞，不假修為，聖之至也。反之者，修為以復其性，而至於聖人也。」〔註33〕蓋堯舜之平天下安民，純粹「率性」而至者也。

儒家極倡王而貶霸，但戰國之世的諸侯已對征伐產生了無可動搖的依賴，美則美其說矣，行則不能。孟子之時，齊、魏之君樂於征伐，付諸實際行動欲行「王道」者惟附庸小國滕、宋而已。「滕文公為世子，將之楚，過宋而見孟子。孟子道性善，言必稱堯舜。」滕定公之薨，使然友問於孟子而定為三年之喪，「父兄百官皆不欲」，則曰「吾有所受也」，孟子復誡之「不可以他求」。「五月居廬，未有命戒。百官族人可謂曰知〔註34〕。及至葬，四方來觀之，顏色之戚，哭泣之哀，弔者大悅。」又問為國，孟子曰「民事不可緩也」，為之陳制民之產，正井田，設為庠序學校之法（《孟子·滕文公上》）。然滕文公似不能一力踐行，亟問事齊事楚縱橫之術，孟子曰「是謀非吾所能及也」（《梁惠王下》）。周慎靚王三年（公元前318年），即宋君偃十一年，君偃自立為王。楊寬先生云：「宋君偃自稱為王，乃以『將行王政』相號召，與以前魏、齊、秦等大國自稱為王，欲小諸侯朝見，借此擴張聲勢與圖謀號令諸侯者不同。」〔註35〕萬章問曰：「宋，小國也。今將行王政，齊楚惡而伐之，則如之何？」孟子為陳湯、武之事，曰：「不行王政云爾，苟行王政，四海之內皆舉首而望之，欲以為君。齊楚雖大，何畏焉？」（《孟子·滕文公下》）然宋王偃所用者多非其人，亦不能徹行王政也。

2.「禪讓說」的鼓吹

「尊賢」在歷史傳說中有著源遠流長的政治傳統，尤其是春秋戰國之世，

〔註32〕　〔宋〕朱熹撰：《孟子集注》卷十三《盡心章句上》，〔宋〕朱熹撰《四書章句集注》，第358頁。

〔註33〕　〔宋〕朱熹撰：《孟子集注》卷十四《盡心章句下》，〔宋〕朱熹撰《四書章句集注》，第373頁。

〔註34〕　朱子曰：「可謂曰知，疑有闕誤。或曰：『皆謂世子之知禮也。』」見〔宋〕朱熹撰：《孟子集注》卷五《滕文公章句上》，〔宋〕朱熹撰《四書章句集注》，第253頁。

〔註35〕　楊寬著：《戰國史料編年輯證》卷十「周慎靚王三年」，第484～485頁。

諸侯為了在激烈的兼併戰爭中生存與擴張，選任賢能越來越成為一種普遍的
現象。普通士人地位的上升是衡量這種現象的一個有效指標。根據許倬雲先
生對《漢書·古今人表》的保守統計，公元前 722 至公元前 693 年間普通士
人的比例只占 6%，但在公元前 692 至公元前 663 年間則上升至 32%，此後直
至公元前 483 年，普通士人所占比例都在 25%～31%之間波動。公元前 482
至公元前 464 年間普通士人所占比例躍升至 44%，公元前 463 至公元前 434
年間又躍升至 57%。公元前 433 至公元前 374 年間，因為文獻不足的原因，
比例有比較大的降低，但到了公元前 373 至公元前 344 年間普通士人的比例
則達到了 70%，公元前 343 至公元前 314 年間的比例雖有所降低，也達到了
61%。此後以至戰國之末，普通士人所占比例都未再低於 44%，戰國之末甚至
達到了 74%〔註 36〕。

文獻中記載有許多戰國前中期之際諸侯尊賢養賢，變法圖強的事蹟。魏
文侯是戰國前期尊賢養賢的典型，師卜子夏，友田子方，禮段干木、用吳起、
李克、翟黃（或作「璜」）、樂羊、西門豹等，李克為「盡地力之教」（《史記·
平準書》、《貨殖列傳》），魏國一時強大。《呂氏春秋》曰：「文侯可謂好禮士
矣！好禮士，故南勝荊於連隄，東勝齊於長城，虜齊侯，獻諸天子，天子賞
文侯以上聞。」（《慎大覽·下賢》）魏武侯基本上繼承了魏文尊賢養賢的國策，
不僅完全控制了西河之地，而且幾將滅秦而有之。後來吳起因受到武侯的猜
忌而跑到楚國，相楚悼王，「明法審令，捐不急之官，廢公族疏遠者，以撫養
戰鬥之士」，楚國強盛起來。「於是南平百越；北并陳蔡，卻三晉；西伐秦。」
（《孫子吳起列傳》）田齊則有桓公午創立稷下學宮，招天下賢士尊崇之，不
治事而議論，威王時已小盛，有淳于髡等稷下先生七十二人之多〔註 37〕。威
王內相鄒忌，外將田忌，用孫臏為軍師，數敗諸侯，與魏惠相王於徐州。秦
則有孝公用商鞅變法修刑，「內務耕稼，外勸戰死之賞罰」（《秦本紀》），兵革
大強，蠶食三晉，斬殺無數，諸侯畏懼。諸侯尊賢所以富國強兵，此後的兼
併爭王，皆是在消費尊賢養賢的紅利。

昔堯舜之尊賢也，使羲和「敬授民時」，禹「平水土」，棄「播時百穀」，
契「敬敷五教」，皋陶允明五刑，垂作共工，益作虞，伯夷作秩宗，夔典樂「教
胄子」，龍作納言，惟在「安民」，故九族和睦，百姓昭明，萬邦協和，「黎民

〔註36〕 許倬雲著：《中國古代社會史論——春秋戰國時期的社會流動》，第 44 頁。
〔註37〕 錢穆著：《先秦諸子繫年·稷下通考》，第 269 頁。

於變時雍」，「鳳皇來儀」而「百獸率舞」（《尚書‧堯典》、《皋陶謨》）。然戰國諸侯尊賢也，則志在聚斂征伐，「彼奪其民時，使不得耕耨以養其父母，父母凍餓，兄弟妻子離散」（《孟子‧梁惠王上》）。尊賢之效何有如此之懸殊耶？這是當時那些主張尊賢的學者所不得不認真思考的一個問題。於是，他們當中的一些人乃到堯舜等「古帝」的歷史傳說中去尋找答案，終於發現原來今昔尊賢同，而尊賢者不同，是「授賢」與「授子」兩種傳承制度的不同所造成。故《容成氏》以「授賢」與「授子」兩種傳承制度的變遷作為線索來書寫古史：「授賢」制度下世世皆賢者為君，能「知人」，能「安民」，故能長治久安；而「授子」制度下君不必世世皆賢，若桀、紂之主雖有賢者亦不能用，故一治一亂。《唐虞之道》則更直接地說：「不禪而能化民者，自生民未之有也。」〔註38〕「禪讓說」將禪讓完全視作聖帝明王個體道德的表現，一時掀動了不少諸侯的虛榮之心。遺憾地是戰國之世確已不再具備禪讓的政治基礎，「禪讓說」終未能實現學者改良政治的理想。

3. 稷下之論黃帝治道

第四章已經考察，田齊之「高祖黃帝」，即欲通過武力征伐而王天下，這一國策影響到了稷下學者的著述，傳說中的黃帝治道進入他們討論的話題。從《管子》中那些大致寫成於宣、湣之世的文獻來看，稷下學者所理解或曰宣揚的黃帝治道大致包括了三個方面的內容，曰重兵，曰重法，曰尊賢。按儒家的標準，這是霸王道雜用之，但卻是田齊或曰稷下學者對於治道的認識。

《管子‧五輔》曰：「大者欲王天下，小者欲霸諸侯，而不務得人。」「得人」就是得賢才而用之，以輔相其政。《樞言》曰：「王主積于民，霸主積于將戰士，衰主積于貴人，亡主積于婦女珠玉，故先王慎其所積。」積者，蓄藏財富也。《山至數》篇曰：「王者藏於民，霸者藏於大夫，殘國亡家藏於篋。」蓋襲取《樞言》之義，謂王霸之國財富所藏不同。《樞言》又曰：「先王用一陰二陽者霸，盡以陽者王；以一陽二陰者削，盡以陰者亡。」陰陽指刑德而言，文獻中有時也以文武指刑德，如《經法‧四度》云「用二文一武者王」，陰、武指刑，陽、文指德〔註39〕。《樞言》的意思是說純用德政者王，德多刑寡者霸，刑

〔註38〕 李零著：《郭店楚簡校讀記》，第96頁。

〔註39〕 魏啟鵬著：《馬王堆漢墓帛書〈黃帝書〉箋證》，第51頁。注3，陳鼓應注譯：《黃帝四經今注今譯——馬王堆漢墓出土帛書》，第119頁。

多德寡者削，而全用刑者亡。《重令》篇亦以刑德論王霸，曰：「德不加於弱小，威不信於強大，征伐不能服天下，而求霸諸侯，不可得也。威有與兩立，兵有與分爭，德不能懷遠國，令不能一諸侯，而求王天下，不可得也。」所謂「威」，所謂「征伐」，皆刑也；所謂「德」，所謂「令」，皆德也。《霸言》曰：「得天下之眾者王，得其半者霸。」「眾」與「半」皆指得人而言，「夫爭天下者，必先爭人」，「是故聖王卑禮以下天下之賢而王之，均分以釣天下之眾而臣之」。《治國》篇云：「富而治，此王之道也。不生粟之國亡，粟生而死者霸，粟生而不死者王。」所謂「粟生而死」，「粟生而不死」，是就積粟多寡而言〔註40〕。粟是民之所歸，積粟是亦同於《樞言》、《山至數》積藏之義。

得人即尊賢也，積蓄在於用兵，刑德反映了重法。在上述理解中，成王成霸的途徑並沒有本質的區別，而只在於尊賢的程度、積蓄所在與如何處理刑德關係的差別。它討論的只是成王成霸之術而回避了成王或成霸價值的問題，大概反映當時政治的現實需要，而成為後來「黃帝之學」的思想資源。

三、秦齊爭帝與「帝道」說

諸侯相王，那麼「王」便不再有獨一無二可以號令天下的權威了，事實上也是表明還沒有哪一個諸侯國可以對其他六國具有絕對的優勢，所以在很長一段時期內追求實質性的王天下仍是政治發展的主題。不過，七國既皆稱王，則王這一名號誠不足以再代表天子王天下的至尊地位，於是便想到古代「三王」之前還有「五帝」，五帝名高於三王，則那「帝」的名號在人們的意識中自然也高於「王」，諸侯相王以後的政治乃進一步沿著「爭帝」的路徑演變。伴隨著這樣的政治發展，有「帝道」說之發生而「黃帝之學」逐步形成。

（一）秦、齊爭帝

秦孝公即位之初，諸侯尚以夷狄遇秦，孝公所想望的只是復穆公霸業，而未有王天下的野心。故孝公勵精圖治，下令國中曰：「昔我繆公自岐雍之閒，修德行武，東平晉亂，以河為界，西霸戎翟，廣地千里，天子致伯，諸侯畢賀，為後世開業，甚光美。……獻公即位，鎮撫邊境，徙治櫟陽，且欲東伐，復繆公之故地，修繆公之政令。寡人思念先君之意，常痛於心。賓客羣臣有能出奇計彊秦者，吾且尊官，與之分土。」（《史記・秦本紀》）商鞅以

「霸道」幸於孝公（《商君列傳》），變法更制，國勢日盛，在與魏的戰爭中一再取得勝利。「十九年，天子致伯。二十年，諸侯畢賀。」（《秦本紀》）周顯王二十九年（公元前 340 年），即孝公二十二年，齊、魏馬陵之役的次年，商鞅説孝公伐魏曰：「今以君之賢聖，國賴以盛。而魏往年大破於齊，諸侯畔之，可因此時伐魏。魏不支秦，必東徙。東徙，秦據河山之固，東鄉以制諸侯，此帝王之業也。」（《商君列傳》）是秦方始有帝王之心。於是使商鞅爲將，詐魏公子卬奪其軍，大敗魏軍。

政治發展的主題由「爭霸」向「爭王」的轉變正發生在這個時期。齊威即位之初即定「侜嗣桓文，高祖黃帝」爲基本國策，對魏的兩次戰爭可能還只是爭霸，是「侜嗣桓文」，但馬陵之役後，國勢之強不能不使齊威生出王天下的野心，齊國的戰略重點也不可能不轉到「高祖黃帝」上來了。周顯王八年（公元前 361 年），即魏惠王九年，魏徙都大梁，只是「欲與韓、趙、齊、楚爭強也」〔註41〕，魏惠王天下的野心生於對外戰爭取得一系列的勝利之後。周顯王十五年（公元前 354 年），即魏惠王十六年，魏欲攻趙之邯鄲，季梁諫云：「今王動欲成霸王，舉欲信於天下，恃王國之大，兵之精鋭，而攻邯鄲，以廣地尊名。王之動欲數而離王愈遠耳，猶至楚而北行也。」（《戰國策·魏四·魏王欲攻邯鄲》）是此時魏惠已有王天下之心矣。故商鞅説之「先行王服」，魏惠便貿然於周顯王二十五年（公元前 344 年）會諸侯於逢澤稱王矣。

周顯王四十四年（公元前 325 年），即秦惠文君十三年，「四月戊午，君爲王」（《六國年表》）。《秦本紀》曰：「十三年四月戊午，魏君爲王，韓亦爲王。」五月，韓威侯與魏惠復有會巫沙相王事而改稱韓宣王〔註 42〕。此當魏惠王後元十年，韓宣王八年事，秦惠文王十四年更爲元年。《周本紀》云：「四十四年，秦惠王稱王。其後諸侯皆爲王。」「諸侯皆爲王」蓋謂四十六年「五國相王」事。「五國相王」合縱以擊秦，結果大敗而還。後來的形勢，三晉、楚在與秦的爭戰中節節敗退，秦日益強，三晉與楚日益弱，惟齊因與秦有三晉之隔，一時與秦爲敵國。諸侯競相稱王，王不再是周天子的專利，其統率天下的意義便失去了。秦、齊兩個強國要顯示自己勢力，不得不再找出新的尊號來，於是有了稱「帝」之爭。

〔註41〕〔清〕朱右曾輯錄：《汲冢紀年存眞》卷下「六年四月甲寅徙都于大梁」注，清歸硯齋刻本。

〔註42〕楊寬著：《戰國史料編年輯證》卷九「周顯王四十四年」，第 432～433 頁。

秦惠文王更元九年（公元前 316 年），即周愼靚王五年，張儀曰：「誅周主之罪，侵楚、魏之地。周自知不救，九鼎寶器必出。據九鼎，按圖籍，挾天子以令天下，天下莫敢不聽。此王業也。」（《戰國策·秦一·司馬錯與張儀爭論》、《史記·張儀列傳》）然秦惠王未用張儀計，聽司馬錯而伐滅蜀，增加了秦進一步擴張的憑藉。秦惠文王十四年（公元前 311 年）卒，子武王立，韓、魏、齊、楚、越皆賓從。秦武王惡張儀，張儀爲去秦而說武王，曰：「王以其間伐韓，入三川，出兵函谷而無伐以臨周，祭器必出。挾天子，按圖籍，此王業也。」（《戰國策·齊二·張儀事秦惠王》、《張儀列傳》）武王聽張儀計，欲有二周而王天下。武王三年，即周赧王七年（公元前 308 年），與韓襄王會臨晉外，謂甘茂曰：「寡人欲容車通三川，窺周室，死不恨矣。」（《秦本紀》、《秦二·秦武王謂甘茂曰》）蓋代周室而王天下已成爲秦之基本國策矣。

強秦蠶食三晉的同時，齊也在進行對外擴張的戰爭。周愼靚王六年（公元前 315 年），即齊宣王五年，齊乘燕子之之亂而起兵攻燕，「五旬而舉之」，幾有燕國，迫於諸侯的壓力，才不得不於次年撤兵（《孟子·梁惠王下》）。《戰國縱橫家書》曰：「薛公相齊也，伐楚九歲，攻秦三年。欲以殘宋，取淮北，宋不殘，淮北不得。以齊封奉陽君，使梁、韓皆效地，欲以取趙，趙氏不得。身率梁王與成陽君北面而朝奉陽君於邯鄲，而趙氏不得。」〔註 43〕蓋孟嘗君於齊宣王晚年相齊，湣王二年一度往相秦，三年復返相齊，後因「田甲劫王」而出奔如魏〔註 44〕，前後共相齊九年。《戰國策》中說的更爲清楚，曰：「今夫齊王，長主也，而自用也。南攻楚五年，稸積散；西困秦三年，民憔瘁，士罷弊；北與燕戰，覆三軍，獲二將。而又以其餘兵南面而舉五千乘之勁宋，而包十二諸侯。」（《燕一·蘇秦死》、《史記·蘇秦列傳》）說得即是齊宣王後期至湣王前期齊國的對外戰爭。

諸侯相王之後，秦、齊兩國日益強，而三晉與楚、燕因處於兩國的夾擊之下則日益削弱。不過相對而言，秦國的日益強盛更具有可持續性，因爲其每蠶食一寸土地都會牢固地占有，而齊雖也打了一系列勝仗，最終占領的土地則不多，反而是在消耗國力。這一點在《燕一·蘇秦死》章中已經說

〔註 43〕　《戰國縱橫家書》八《蘇秦謂齊王章》，馬王堆漢墓帛書整理小組編《馬王堆漢墓帛書（參）》，北京：文物出版社，1983 年十月，第 37 頁。
〔註 44〕　楊寬著：《戰國史料編年輯證》卷十四「周赧王二十四年」，第 726～729 頁。

得清楚，曰：「此其君之欲得也，其民力竭也，安猶取哉？且臣聞之，數戰則民勞，久師則兵弊。」「天時不與，雖有清濟、濁河，何足以爲固？民力窮弊，雖有長城、鉅防，何足以爲塞？」說的即是五國伐齊，燕昭王復仇之前的齊國形勢。然在五國覆齊之前，齊於表面上仍是一個東方強國，秦欲使之牽制三晉與楚、燕，固不願與之直接爭鋒而有意與之連衡。所以，當秦昭王欲稱帝時，爲了減少來自諸侯的壓力，便也拉上齊湣王，是所謂秦、齊並帝之事。

周報王二十七年（公元前 288 年），即秦昭王十九年，齊湣王十三年，秦爲西帝，齊爲東帝。十月爲帝，十二月復爲王。秦、齊稱帝之事，《史記‧秦本紀》、《田敬仲完世家》、《魏世家》、《楚世家》、《六國年表》、《穰侯列傳》、《樂毅列傳》等文獻中皆有記載。《韓非子》曰：「穰侯相秦而齊強，穰侯欲立秦爲帝而齊不聽，因請立齊爲東帝而不能成也。」（《內儲說下》）其實，秦齊之並帝，是秦齊之間，以及秦齊與諸侯之間的一種角力。《戰國策》中記載此事最詳：

> 蘇秦自燕之齊，見於華章南門。齊王曰：「嘻！子之來也。秦使魏冉致帝，子以爲何如？」對曰：「王之問臣也卒，而患之所從生者微。今不聽，是恨秦也；聽之，是恨天下也。不如聽之以卒秦，勿庸稱也，以爲天下。秦稱之，天下聽之，王亦稱之。先後之事，帝名爲無傷也。秦稱之，而天下不聽，王因勿稱，其於以收天下，此大資也。」

> 蘇秦謂齊王曰：「齊、秦立爲兩帝，王以天下爲尊秦乎？且尊齊乎？」王曰：「尊秦。」「釋帝，則天下愛齊乎？且愛秦乎？」王曰：「愛齊而憎秦。」「兩帝立，約伐趙，孰與伐宋之利也？」（王曰：「不如伐宋。」）對曰：「夫約與秦爲帝，而天下獨尊秦而輕齊；齊釋帝，則天下愛齊而憎秦；伐趙不如伐宋之利。故臣願王明釋帝以就天下，倍約儐秦，勿使爭重，而王以其間舉宋。夫有宋，則衛之陽城危；有淮北，則楚之東國危；有濟西，則趙之河東危；有陰、平陸，則梁門不啓。故釋帝而貳之以伐宋之事，則國重而名尊，燕、楚以形服，天下不敢不啓。故釋帝而貳之以伐宋之事，則國重而名尊，燕、楚以形服，天下不敢不聽，此湯、武之舉也。敬秦以爲名，而後使天下憎之，此所謂以卑易尊者也。願王熟慮之也！」（《齊四‧蘇秦自燕之齊》）

　　從蘇秦與湣王的對話中至少可以得到以下幾點認識：一，秦、齊在當時是兩個強國，皆有稱帝的野心；二，秦、齊任何一國的實力都不足以懾服諸侯而獨立稱帝；三，齊相對弱於秦，若兩國並帝，諸侯會首先將矛頭指向弱齊；四，秦聯合齊一起稱帝正是欲以齊作為緩衝諸侯壓力的介板，齊則陽應之而緩稱帝，亦欲將諸侯的反對引向秦。蘇秦曰：「故臣願王明釋帝以就天下，倍約儐秦，勿使爭重，而王以其間舉宋。」秦昭王既稱「西帝」，湣王果聽蘇秦之計，與趙遇於阿，「約攻秦去帝」〔註45〕。於時蘇秦、李兌、孟嘗君主其謀，合縱三晉與楚、燕五國共攻秦，秦迫於壓力稱帝不兩月而去帝號。齊則乘五國攻秦無暇東顧之際攻宋，經歷了三次大規模的進攻，最終於湣王十五年（公元前 286 年）攻滅宋國。五國攻秦無功，各自暗中與秦交通，至齊攻滅宋國，秦乃以破宋為罪，發動五國合縱伐齊，秦、趙、燕為主力，樂毅為統帥，幾亡齊國。

　　蘇秦是燕昭王布置在齊國的間諜，其所謀皆是要削弱齊的國力並盡可能地為燕國爭取伐齊的準備時間。《戰國策》記燕昭王欲伐齊復仇，曰：「假寡人五年，寡人得其志矣。」蘇子曰：「請假王十年！」於是昭王奉之車五十乘使南使於齊（《燕二‧客謂燕王曰》）。此處「蘇子」，即是蘇秦〔註46〕。蘇秦為燕離間齊國的陰謀，在馬王堆漢墓出土的那些蘇秦遺書中已表達的十分清楚。若《蘇秦自齊獻書於燕章》中云：「臣循用於齊，大者可以使齊毋謀燕，次可以惡齊趙之交，以便王之大事，是王之所與臣期也。」〔註47〕此信寫於齊趙會阿約攻秦之後，蘇秦已為燕任齊交五年矣。蘇秦與李兌、孟嘗君謀畫五國合縱伐秦，亦正是為便於齊乘機攻取千乘之宋，以削弱齊的實力，改變與燕國的力量對比。齊伐宋三年，士民罷弊，百姓離心，國力大衰。周赧王三十一年（公元前284年），即齊湣王十七年，秦、三晉與燕出兵伐齊，大破齊國，齊城不下者唯莒、即墨。湣王出走，為楚將淖齒殺死於東廟。後來雖有田單保齊襄王復國，但齊國的國勢再也沒有恢復到足以抗衡強秦的程度。五國破齊，受損最大者當然是齊，從此再也沒有能力與秦抗衡，收穫最大者則是秦而非燕，從此再也沒有足以與之對抗的力量。

〔註45〕《戰國縱橫家書》四《蘇秦自齊獻書於燕章》，馬王堆漢墓帛書整理小組編《馬王堆漢墓帛書（參）》，第28頁。
〔註46〕楊寬著：《戰國史料編年輯證》卷十四「周赧王二十一年」，第715頁。
〔註47〕《戰國縱橫家書》四《蘇秦自齊獻書於燕章》，馬王堆漢墓帛書整理小組編《馬王堆漢墓帛書（參）》，第28頁。

　　秦國稱帝的野心非一日所生，或於惠王之世已萌矣。時張儀爲秦連橫之
說魏王，魏王曰：「請稱東藩，築帝宮，受冠帶，祠春秋，效河外！」（《戰國
策·魏一》）張儀復說韓王，韓王亦曰：「客幸而教之，請比郡縣，築帝宮，
祠春秋，稱東藩，効宜陽！」（《戰國策·韓一》）「稱東藩，築帝宮」是奉秦
爲帝，己爲藩臣，供秦帝春秋巡守也。此或爲遊士誇張，然蘇秦遊說惠王亦
以「稱帝」爲辭。蘇秦曰：「以大王之賢，士民之衆，車騎之用，兵法之教，
可以并諸侯，吞天下，稱帝而治。」（《秦一·蘇秦始將連橫說秦惠王》）其時
秦惠王雖未聽從蘇秦連橫之計，然足見秦國當時勢力，是天下諸侯遊士皆知
其已具帝業之基矣。至昭王時孟嘗君欲爲從，公孫弘諫之曰：「意者秦王帝王
之主也，君恐不得爲臣，奚暇從以難之？」（《齊四·孟嘗君爲從》）「帝王」
一語最早見於《管子·樞言》篇的記載，在戰國後期的文獻中出現的頻率較
高，若《戰國策》、《荀子》、《商君書》、《韓非子》等文獻中多所稱用，蓋與
當時政治發展的脈絡直接相關。或說韓王曰：「今秦數世強矣，大勝以千數，
小勝以百數，大之不王，小之不霸，名尊無所立，制令無所行，然而春秋用
兵者，非以求主尊成名於天下也？」「夫先與強國之利。強國能王，則我必爲
之霸。強國不能王，則可以辟其兵，使之無伐我。然則強國事成，則我立帝
而霸；強國之事不成，猶之厚德我也。今與強國，強國之事成則有福，不成
則無患。然則先與強國者，聖人之計也。」（《戰國策·韓三·謂鄭王曰昭釐
侯》）《呂氏春秋》亦載「秦王立帝宜陽」〔註48〕，有令許綰誕魏王朝秦事（《審
應覽·應言》）。蓋秦、齊欲帝之時，遊士說韓王朝秦者乎？

　　蘇秦說五國合縱攻秦，亦以帝秦利害爲辭。說楚王曰：「故從合則楚王，
橫成則秦帝。今釋霸王之業，而有事人之名，臣竊爲大王不取也。」（《楚一·
蘇秦爲趙合從說楚威王》）說魏王曰：「今乃有意西面而事秦，稱東藩，築帝
宮，受冠帶，祠春秋，臣竊爲大王媿之。」（《魏一·蘇子爲趙合從說魏王》）
說韓王曰：「夫以韓之勁與大王之賢，乃欲西面事秦，稱東藩，築帝宮，受冠
帶，祠春秋，交臂而服焉，夫羞社稷而爲天下笑，無過此者矣。」（《韓一·
蘇秦爲楚合從說韓王》）秦的貿然稱帝，於事實上最終促成了五國的合縱。在
諸侯合縱的壓力下，秦國稱帝的野心一時受挫。至齊伐宋急，蘇代曾說燕昭
王連秦、趙攻齊，曰：「秦爲西帝，趙爲中帝，燕爲北帝，立爲三帝，而以令

<hr />

〔註48〕此句讀法據楊寬先生意見。見楊寬著：《戰國史料編年輯證》卷十四「周赧王
　　　二十七年」，見750頁。

諸侯。」又曰：「夫反宋地，歸楚之淮北，燕、趙之所同利也；並立三帝，燕、趙之所同願也。」（《燕一・齊伐宋宋急》）蘇代或不知昭王、蘇秦之謀而有是說，是其時諸侯欲帝者不止秦齊也。但其時局勢的發展已經明朗，秦國將統一天下似乎已是不爭的事實，六國的抵抗不過是盡可能拖延這一天的到來，卻無法阻止它的到來。所以，秦齊並帝之後的政治發展基本上是朝著秦國稱帝的方向演進。

　　商鞅的改革奠定了秦爭霸中原的基礎，而白起的攻伐則奠定了秦建立帝業的基礎。蔡澤謂應侯曰：「夫商君為孝公平權衡，正度量，調輕重，決裂阡陌，教民耕戰。是以兵動而地廣，兵休而國富，故秦無敵於天下，立威諸侯。」「楚地持戟百萬，白起率數萬之師，以與楚戰，一戰舉鄢、郢，再戰燒夷陵，南並蜀、漢。又越韓、魏，攻強趙，北阬馬服，誅屠四十餘萬之眾，流血成川，沸聲若雷，使秦業帝。自是以後，趙、楚懾服，不敢攻秦者，白起之勢也。」（《戰國策・秦三・蔡澤見逐於趙》）周赧王三十六年（公元前 279 年），即秦昭王二十八年，楚頃襄王二十年，「秦白起拔楚西陵，或拔鄢、郢、夷陵，燒先王之墓。王徙東北，保於陳城，楚遂削弱，為秦所輕」（《秦四・物至必反》）。周赧王五十三年（公元前 262 年），即秦昭王四十五年，趙孝成王四年，秦因趙受韓上黨地而令公孫起、王齮以兵遇趙於長平。次年，趙使廉頗拒之。再次年，即周赧王五十五年（公元前 260 年），秦昭王四十七年，趙孝成王六年，趙使趙括代廉頗將，秦使武安君白起擊之，大破趙於長平，四十餘萬儘坑之。第二年十月，五大夫陵攻趙邯鄲。魏不敢救，使客將軍辛垣衍間入邯鄲，謂趙王曰：「秦所以急圍趙者，前與齊湣王爭強為帝，已而復歸帝，以齊故。今齊湣王已益弱，方今唯秦雄天下，此非必貪邯鄲，其意欲求為帝。趙誠發使尊秦昭王為帝，秦必喜，罷兵去。」（《戰國策・趙三・秦圍趙之邯鄲》）平原君猶豫未有所決，時魯仲連適遊趙，因平原君而見梁客辛垣衍，極為陳秦稱帝之害，辛垣衍乃慚而歸。後因魏信陵君詐晉鄙軍及諸侯來救，秦方才解圍去。

　　諸侯雖不願帝秦，但卻無以阻擋秦建立帝業的趨勢。周赧王五十九年（公元前 256 年），即秦昭王五十一年，「西周君犇秦，頓首受罪，盡獻其邑三十六，口三萬。秦受其獻，歸其君於周。」五十二年，「周君、王赧卒，周民遂東亡。秦取九鼎寶器，而遷西周公於憚狐」。「後七歲，秦莊襄王滅東周。東西周皆入于秦，周既不祀。」（《周本紀》、《秦本紀》、《六國年表》）李斯「學帝

王之術」，欲西入秦而辭荀子曰：「今秦王欲吞天下，稱帝而治，此布衣馳鶩之時而遊說者之秋也。」（《史記·李斯列傳》）有頓弱說秦王政合韓魏以圖山東，曰：「橫成則秦帝，縱成即楚王。秦帝，即以天下恭養。楚王，即王雖有萬金，弗得私也。」（《秦四·秦王欲見頓弱》）周室雖絕，然諸侯未滅，故李斯欲入秦馳鶩而頓弱有是說。《呂氏春秋》曰：「今周室既滅，而天子已絕。」（《有始覽·謹聽》）又曰：「今周室既滅，天子既廢。」（《先識覽·觀世》）是其時秦且不得有天子之名分也。

其時已是戰國之末，諸侯於秦若藩屬，秦雖沒有天子的名分，實已具備了天子威勢而自以為帝矣。秦王政十二年（公元前 235 年），春申君說秦王伐楚不宜，而已稱秦孝文王、莊襄王曰「先帝」矣。又春申君論伐楚利害曰：「齊、魏得地葆利，而詳事下吏，一年之後為帝。若未能，於以禁王之為帝有餘。夫以王壤土之博，人徒之眾，兵革之強，一舉眾（事）而注地於楚，詘令韓、魏，歸帝重於齊，是王失計也。」（《秦四·物至而反》、《史記·春申君列傳》）秦王政十九年（公元前 226 年），「太后薨，諡為帝太后，與莊襄王會葬茝陽」（《史記·呂不韋列傳》）。是秦確實已以「帝」號自名矣。所以秦王政並天下之後，便覺得「帝」號亦不足以表現其功業而令羣臣議帝號稱「皇帝」矣。

秦王政二十六年（公元前 221 年）：

> 初并天下，令丞相、御史曰：「異日韓王納地效璽，請為藩臣，已而倍約，與趙、魏合從畔秦，故興兵誅之，虜其王。寡人以為善，庶幾息兵革。趙王使其相李牧來約盟，故歸其質子。已而倍盟，反我太原，故興兵誅之，得其王。趙公子嘉乃自立為代王，故舉兵擊滅之。魏王始約服入秦，已而與韓、趙謀襲秦，秦兵吏誅，遂破之。荊王獻青陽以西，已而畔約，擊我南郡，故發兵誅，得其王，遂定其荊地。燕王昏亂，其太子丹乃陰令荊軻為賊，兵吏誅，滅其國。齊王用后勝計，絕秦使，欲為亂，兵吏誅，虜其王，平齊地。寡人以眇眇之身，興兵誅暴亂，賴宗廟之靈，六王咸伏其辜，天下大定。今名號不更，無以稱成功，傳後世。其議帝號。」丞相綰、御史大夫劫、廷尉斯等皆曰：「昔者五帝地方千里，其外侯服夷服，諸侯或朝或否，天子不能制。今陛下興義兵，誅殘賊，平定天下，海內為郡縣，法令由一統，自上古以來未嘗有，五帝所不及。臣等謹與博

士議曰：『古有天皇，有地皇，有泰皇，泰皇最貴。』臣等昧死上尊號，王為『泰皇』。命為『制』，令為『詔』，天子自稱曰『朕』。」王曰：「去『泰』著『皇』，采上古『帝』位號，號曰『皇帝』。他如議。」制曰：「可。」追尊莊襄王為太上皇。制曰：「朕聞太古有號母謚，中古有號，死而以行為謚。如此，則子議父，臣議君也，甚無謂，朕弗取焉。自今已來，除謚法。朕為始皇帝。後世以計數，二世三世至于萬世，傳之無窮。」（《史記‧秦始皇本紀》）

（二）「帝道」說的發生

《爾雅》曰：帝、皇、王，「君也」（《釋詁》）。「帝」的內涵，或者說「帝」與「王」的關係，在春秋到戰國之後有一個演變的過程。《左傳》曰：「今之王，古之帝也。」（《僖二十五年》）則王、帝之名號只是古今之別。《史記》載夏殷世系皆曰「帝某」，至周則稱「王某」，蓋周武王為天子，「其後世貶帝號，稱為王」（《史記‧殷本紀》）也。《禮記》曰：「君天下曰天子」，「措之廟，立之主，曰帝」（《曲禮下》）。《大戴禮記》曰：「主祭于天，曰天子。天子崩，步于四川，代天四山，卒葬曰帝。」蓋「帝」是天子死後之謚，如第一章所考，甲骨文中殷王之稱「帝某」者，皆祭祀之文。但到了《逸周書》，「帝」的涵義有了變化，它所代表的功業在「王」之上。《武順》曰：「世世能極曰帝。」《謚法》曰：「德象天地曰帝」，「仁義所在曰王」。《太子晉》曰：「……君有廣德，分任諸侯而敦信曰予一人；善到于四海曰天子；達于四荒曰天王；四荒至莫有怨詈，乃為帝。」是帝、王明確有了功德高下的差異。《武順》、《謚法》、《大子晉》蓋是戰國人寫成〔註49〕，或當在戰國中期以後，蓋其時五帝三王五霸的歷史系統已經出現。五霸不若三王，三王不若五帝，這是戰國學者對於古史傳說的一種普遍認識，那麼相對應的也就是霸不若王，王不若帝了。《白虎通》曰：「帝王者何號也？號者，功之表也，所以表功明德，號令臣下者也。德合天地者稱帝，仁義合者稱王，別優劣也。《禮記‧謚法》曰：『德象天地稱帝』，『仁義所生稱王』。帝者，天號，王者，五行之稱也。「號言為帝者何？帝者，諦也，象可承也。王者，往也，天下所歸往。」「或稱天子，或稱帝王，何以為？接上稱天子，明以爵事天也。接下稱帝王者，得號天下至尊，言稱以號令臣下也。」（《號》）

〔註49〕 楊寬：《論〈逸周書〉》，《中華文史論叢》總第 44 期，1989 年第 1 期，第 3 頁。

　　如何成「帝」呢？《管子‧乘馬》曰：「無爲者帝，爲而無以爲者王，爲而不貴者霸。」（《大數》）對於「無爲者帝」的解釋見於《勢》篇，曰：「夫靜與作，時以爲主人，時以爲客，貴得度。知靜之修，居而自利。知作之從，每動有功。」蓋所謂「無爲」非是「老學」之純粹的恬淡自靜，而是不妄爲，是要靜作以時而得「自利」「有功」。《桓公問》記管子曰：「勿創勿作，時至而隨。毋以私好惡害公正，察民所惡，以自爲戒。……此古聖帝明王所以有而勿失，得而勿忘者也。」即謂靜作以時正是古聖帝明王之道。《幼官》、《幼官圖》云：「尊賢授德則帝，身仁行義、服忠用信則王，審謀章禮、選士利械則霸。」帝者如何尊賢呢？《戰國策》記郭隗先生曰：「帝者與師處，王者與友處，霸者與臣處，亡國與役處。」所謂「與師處」，即尊賢者爲師也。曰：「詘指而事之，北面而受學，則百已者至。先趨而後息，先問而後嘿，則什已者至。人趨已趨，則若已者至。馮几據杖，眄視指使，則廝役之人至。若恣睢奮擊，呴籍叱咄，則徒隸之人至矣。此古服道致士之法也。」（《燕一‧燕昭王收破燕後即位》）《鶡冠子》中亦有類似的說法，曰：「權人有五至：一曰伯己，二曰什己，三曰若己，四曰廝役，五曰徒隸。」「博選者，以五至爲本者也。故北面而事之，則伯己者至；先趨而後息，先問而後默，則什己者至；人趨己趨，則若己者至。憑几據杖，指麾而使，則廝役者至；樂嗟苦咄，則徒隸之人至於矣。」「故帝者與師處，王者與友處，亡主與徒處。」（《博選》）《禁藏》篇則曰：「凡有天下者，以情伐者帝，以事伐者王，以政伐者霸。」注曰：「謂深知敵之內情而伐者，帝也」；「見其於事有失而伐者，王」；「見其政有失而伐者，霸」〔註 50〕。伐是征伐敵國，蓋謂用兵之道也。

　　《莊子》、《呂氏春秋》中也有關於「帝道」的論述。《莊子‧天道》曰：「天道運而無所積，故萬物成；帝道運而無所積，故天下歸；聖道運而無所積，故海內服。明於天，通於聖，六通四辟於帝王之德者，其自爲也，昧然無不靜者矣。……夫虛靜恬淡寂漠無爲者，天地之平而道德之至，故帝王聖人休焉。……夫虛靜恬淡寂漠無爲者，萬物之本也。明此以南鄉，堯之爲君也；明此以北面，舜之爲臣也。以此處上，帝王天子之德也；以此處下，玄聖素王之道也。」在傳世與出土的文獻中，「帝道」唯此一見。疏曰：「運，動也，轉也。積，滯也，蓄也。」「王者法天象地，運御羣品，散而不積，施

〔註 50〕 黎翔鳳撰：《管子校注》中冊，第 1027 頁。

化無方，所以六合同歸，八方款附。」〔註51〕疏所謂「王者」即指帝，帝之名號高於王，其實亦王也。「運而無所積」者，更直接地說，即下文「昧然無不靜」，即「虛靜恬淡寂漠無爲」，不是純粹的無所作爲，而是靜作以時。《呂氏春秋・有始覽・應同》曰：「帝者同氣，王者同義，霸者同力。」「同氣」者「與元同氣」也。蓋以「同氣賢於同義，同義賢於同力」，「其智彌精者其所同彌精」，「夫精，五帝三王之所以成也」。元，「始也」（《說文・一部》）。高氏曰：同氣，「同元氣也」；同義，「同仁義也」；同力，「同武力也」〔註52〕。蓋「與元同氣」者，亦有恬淡無爲、靜作以時之義也。《慎大覽・下賢》曰：「士所歸，天下從之，帝。帝也者，天下之適也。王也者，天下之往也。」「下賢」者，人主禮下賢者也。王氏曰：「適亦往也。『天下之適』，『天下之往』，皆承上『天下從之』而言。」〔註53〕言帝者務在得賢，得賢則天下之民從之矣。

　　《管子》論「帝道」有三：一是無爲或曰靜作以時，二是能尊賢能得人，三是善征伐。《戰國策》、《莊子》、《鶡冠子》、《呂氏春秋》大致也是從無爲與尊賢兩個方面闡述底。如果以此三個方面作爲對「帝道」的基本界定，則尊賢是帝王之所同，而尊賢與重兵又恰是稷下學者依託於黃帝傳說闡發的思想。可能是囿於田齊「高祖黃帝」的既定國策，稷下學者依託黃帝傳說闡發治道的做法沒有走的更遠，那些成於戰國後期的作品裏也只是附會出富國之術而已。但戰國後期興起的「黃帝之學」，所宣揚的黃帝之道已完全沒有了稷下的那種拘束。若《莊子》外、雜篇中的「融合派」諸篇，依託附會黃帝傳說便極力鼓吹那無爲而無不爲的思想。帛書《十六經》雜採百家，附會黃帝之道尊賢愛民，征伐不義，刑德相用而畜正均平天下，然最終仍歸本於順守天地之道，靜作以時，無爲而無不爲也。《呂氏春秋》、《韓非子》兩書所託黃帝之言，要亦不違於無爲之旨。蓋所謂「帝道」說者，即對於黃帝之道的精要表述。「帝道」說或曰「黃帝之學」，主張無爲而無不爲的思想淵源比較複雜，需要專文考證，然就其與戰國後期政治發展的關係而論，它的試圖雜合百家，實是欲爲大國諸侯的帝業提供全面的思想指導，同時亦反映了政治日趨統一的形勢。

〔註51〕注1、2，〔清〕郭慶藩撰：《莊子集釋》中冊，第458頁。
〔註52〕許維遹撰：《呂氏春秋集釋》上冊，第287頁。
〔註53〕許維遹撰：《呂氏春秋集釋》下冊，第368～369頁。

　　當然，並非因爲「黃帝之學」的雜合百家，百家便眞得都歸一於「黃帝之學」了，那時候荀子還在倡王而貶霸，一些學者還在憧憬「禪讓」政治，特別値得一提的是還有「皇道」說的出現。在古史傳說中，「五帝」之上還有「三皇」，所以「皇」的名號又高於「帝」一等。《管子·兵法》曰：「明一者皇，察道者帝，通德者王，謀得兵勝者霸。」注曰：「一者，氣質未分，至一者也。道者，物由以生者也。德者，物由以成者也。夫皇帝王道，隨世立名者也，其實則一也。」〔註54〕《莊子·在宥》依託廣成子曰：「得吾道者，上爲皇而下爲王。」廣成子的「道」是什麼呢？可能即是上文所說的「我守其一以處其和」，蓋即「取於盡性命之極」，或曰「保恬淡一心，處中和妙道」之謂也〔註55〕。先秦文獻中有關「皇」的說法雖然僅此兩處，但卻也產生了實實在在的影響，秦廷百官上號秦王政稱「皇」，而秦王政自稱「皇帝」是也。

小　結

　　整個春秋戰國的政治發展大致經歷了諸侯爭霸、爭王、爭帝三個階段，由孔子「祖述堯舜」到堯舜「禪讓」傳說的鼓吹，再到「黃帝之學」興起，正是激於這種政治發展所產生的思想學術上的反應。具體來說，春秋以降禮崩樂壞，以致於「陪臣執國命」，孔子「憲章文武」欲再造「東周」而不遇於諸侯，晚年乃更於「道」的層面上「祖述堯舜」，脩《尚書》「斷自唐虞」，堯舜之政治於是表章焉，堯舜成爲儒家「王道」政治的最高典範。儒家亟倡王貶霸，然諸侯陷溺於征伐而不能自拔，賢者淪爲富國強兵的工具，以至戰國中期，七國諸侯皆稱王，而「王道」卻不行。面對日益酷烈的爭霸、爭王戰爭，一些學者乃認爲是賢者不爲君主之故，於是有堯舜「禪讓」傳說之鼓吹，有「禪讓說」之發生，欲使賢者世世爲君而造成清明政治。無耐時勢已不與，「禪讓說」的實踐以失敗告終。與此同時，政治發展進入了秦齊爭帝的階段，於是又有了「帝道」說的出現。「帝道」實質上即戰國後期興起的「黃帝之學」所附會的黃帝治道，反映了戰國後期紛亂而漸趨統一的政治形勢，它與堯舜「政治」、「禪讓說」之根本區別在於「帝者無爲」，無爲而無不

〔註54〕黎翔鳳撰：《管子校注》上冊，第316～317頁。
〔註55〕注12，〔清〕郭慶藩撰：《莊子集釋》中冊，第383頁。

爲正是「黃帝之學」的思想主旨。茲即先秦文獻中「古帝」傳說演變的基本脈絡。

在先秦文獻中,「帝道」只是「黃帝之學」的概括,而堯舜「政治」則是「王道」的典範,所以「帝道」與五帝之道、「王道」與三王之道並非一一對應的關係。這聽起來有些凌亂,但它確是「古帝」傳說在先秦時期演變的實際形態。只是到了漢代,學者們總結先秦的思想學術,要將所謂的霸、王、帝、皇之道都給予明確易辨的界定,才將它們與五霸、三王、五帝、三皇的說法一一對應起來了。《新論》曰:「夫上古稱三皇五帝,而次有三王五伯,此天下君之冠首也。故言三皇以道治,而五帝用德化,三王由仁義,五伯以權智。其說之曰:無制令刑罰,謂之皇;有制令而無刑罰,謂之帝;賞善誅惡,諸侯朝事,謂之王;興兵眾,約盟誓,以信義矯世,謂之伯。王者往也,言其惠澤優游天下歸往也。五帝以上久遠,經傳無事,唯王霸二盛之美,以定古今之理焉。」(《王霸篇》)漢人話語中的皇、帝、王、霸道,說得明白是明白了,但已非先秦原貌矣。

結束語

　　探討先秦文獻中「古帝」傳說的政治思想意涵及其演變，是依據傳世文獻與出土文獻提出的新問題。這個新問題不在意那些「古帝」傳說中保存有多少遠古的史影，而是關注那些傳說本身所表達宣揚的政治思想主張，以及它們表達宣揚那些思想主張的政治發展背景。為了解決這個新問題，本文第一章全面考察了傳世與出土先秦文獻中存在的「古帝」傳說，根據數十位「古帝」在先秦文獻中被稱述依託的狀況，確定了堯舜黃帝傳說以為研究的對象。春秋之末孔子「祖述堯舜」而先有堯舜傳說的宣揚，所以第二章便考察了傳說中的堯舜「政治」。到了戰國前中期之際，繼有堯舜「禪讓」傳說之鼓吹，所以第三章又考察了堯舜「禪讓」傳說的演變。戰國中期中葉，田齊「高祖黃帝」而黃帝傳說由此興起，至戰國後期乃發展為「黃帝之學」，所以第四章考察了黃帝傳說與「黃帝之學」。第五章基於上述三章對於堯舜「政治」、堯舜「禪讓」、「黃帝之學」的認識，將之置於春秋戰國政治發展的大背景下探討了它們演變的基本脈絡。下面且扼要總結本文研究所得到的基本結論以及創新點與不足之處。

一、研究的基本結論

　　本文所謂「古帝」，是指作為「人王」的古帝，而非「神帝」。全面考察傳世與出土的先秦文獻，共統計得到可以確指的四十位「古帝」名號，其中有三十位「古帝」實指人王。這三十位「古帝」也不是皆可以成為本文的研究對象，因為本文是從思想史的視角進行的研究，所以研究對象的確定必須考慮其在先秦文獻中的代表性及其傳說的系統性。經過細緻的統計，無論是

就稱述文獻篇目的數量而言，還是就稱述歷史時期的廣泛性而言，都表明黃帝、赤帝／炎帝、顓頊／高陽、帝嚳／帝倍、帝堯／唐、帝舜／虞六位「古帝」之「帝」的身份在先秦時代得到廣泛而持續的認可，而其中黃帝、顓頊、帝嚳、唐堯、虞舜乃是先秦文獻中具有共識性的五帝系統。這個五帝系統絕非五位「古帝」的簡單組合，而是一種認識古史傳說的「模式」，是一種文化上的認同，代表著特定的治道，特定的古史傳說階段，其背後還有一系列的「古帝」。文獻中還有二帝、三帝、四帝、六帝的說法，但皆是具體而言，而沒有「五帝」說那樣的內涵。

　　具有廣泛共識性的五帝系統中的五位「古帝」，在先秦文獻中也不具有同樣的代表性。根據筆者的粗略統計，在傳世與出土的先秦文獻中，黃帝的名號共出現了 133 次，顓頊的名號共出現了 40 次，帝嚳的名號共出現了 24 次，堯的名號共出現了 451 次，舜的名號共出現了 484 次，差距不可謂不大。這種巨大差距反映出堯、舜、黃帝傳說在先秦文獻中的重要影響與地位。黃帝、堯、舜之後在周爲「三恪」，也許是他們被更多稱述依託的原因之一。基於這一實際狀況，本文最終確定黃帝、堯、舜傳說作爲研究的對象。從存世與出土的先秦文獻來看，堯、舜傳說在西周之末已經出現，黃帝傳說則早在西周前期已經出現，但西周以至春秋之世的文獻中黃帝、堯、舜傳說並沒有被更多地稱述，更沒有被依託以作思想性的闡發，只是偶爾被援引以爲論據罷了。

　　這種情形直到孔子的「祖述堯舜」才發生變化。《中庸》曰：「仲尼祖述堯舜，憲章文武。」孔子生當禮崩樂壞之時，一生追求「克己復禮」（《論語·顏淵》）即是「憲章文武」事。既不遇於諸侯，晚年乃更「祖述堯舜」。學者多將「祖述堯舜」視作孔子的最高政治理想﹝註1﹞，卻忽略了它的「道統」意義。孔子之「祖述堯舜」是要自覺地承接堯舜的「道統之傳」，這個「道統之傳」就是堯之命舜、舜之命禹的那個「允執其中」，亦即「中庸」。「中」是指天命之「性」的不偏不倚、無不善，「允執其中」實質上就是一個「率性」而持續不移的過程，是必然達於至善境地而不斷自新的動態過程。更進一步說，

﹝註1﹞ 如康南海認爲孔子「託堯舜以行民主之太平」（《孔子改制考》卷十二《孔子改制法堯舜文王考》），匡亞明先生認爲孔子只是將堯舜大同作爲「最高理想來進行宣傳」（匡亞明著：《孔子評傳》，南京：南京大學出版社，1990 年 12 月，第 246 頁）等，皆是認爲孔子「祖述堯舜」只是一種社會政治理想的表達。

「率性」即「明明德」，所以「允執其中」最終需要在脩身齊家治國平天下中去實踐——脩身齊家治國平天下既是堯舜「允執其中」的工夫，其身脩家齊國治天下平亦正是「允執其中」之效。「允執其中」，或曰「中庸」，即孔子一以貫之之道，貫穿於經傳。自堯舜禹湯以至文武的「道統」譜系或並不反映真實的歷史，但它確實存在於先秦文獻之中，存在於古人的思想世界之中，反映了古人的一種文化認同。

孔子「祖述堯舜」，編撰《尚書·虞書》詳記二帝「知人」「安民」之政。《尚書·虞書》部分今存《堯典》、《皋陶謨》兩篇，《堯典》主要記述了堯舜的行政事蹟，《皋陶謨》主要記述了舜廷君臣的政論。考二帝行政，堯之分命羲和，選拔治才，舜之巡守考功，詢言納賢，分官任職，考績黜陟，無非「知人」「安民」之事。「知人」即是選賢任能，「知人」亦所以「安民」。「安民」是堯舜「政治」的根本目標，是「允執其中」或曰「允迪厥德」的必然要求和最高表現，成為後世「民本」思想最直接的淵源。孔子「憲章文武」不是要退回到文武時代，不是要一絲不變地恢復文武時代的制度，孔子「祖述堯舜」也不是簡單地將堯舜之治作為三代之上的最高理想，不是要恢復文武之治後再進一步退回到堯舜時代。子曰：「殷因於夏禮，所損益，可知也；周因於殷禮，所損益，可知也；其或繼周者，雖百世可知也。」（《論語·為政》）曰：「克己復禮為仁。」（《顏淵》）是孔子所復之禮必有損益，必然體現著「仁」的精神。又曰：「行夏之時，乘殷之輅，服周之冕，樂則《韶》舞。放鄭聲，遠佞人。鄭聲淫，佞人殆。」（《衛靈公》）曰：「道而行之於世，雖非堯舜之君，則亦堯舜也。」（《新語·思務》）蓋孔子之政治理想實是欲融合堯舜之世的精神文明和三代的制度文明而創造一個最完美的社會，器物制度固三代維新，「安民」之精神價值則淵源自堯舜，孔子是要在「道」的層面返本而於「器」之層面開新。後世學者對於孔子這一理想缺乏全面的理解，而多認為堯舜之世是優於三代的更高階段。

經過孔子的表章，堯舜成為聖帝典範，堯舜「政治」成為理想模型，至戰國之世雖百家爭鳴，諸子或臧或否，然議論遊說鮮有不舉堯舜名號以為比方，稱述甚至附會其傳說以為論據者，所以堯舜在先秦文獻、尤其是戰國文獻中有著極高的出現頻率。徑舉堯舜名號以為比方的情形最多，但往往無關堯舜的「實際」事蹟，此處姑略而不論。至若其稱述甚至附會堯舜傳說以為論據者，或云堯舜之身脩，或云堯舜能任賢，或云堯舜能利民等，內容雖亦

多關乎堯舜之政治，考其史料來源則非限於《堯典》、《皋陶謨》。若《墨子》亦祖述堯舜卻不得大體，《管子》附會堯舜傳說以倡法術，《莊子》往往寓言毀堯謗舜以非仁義，《荀子》法後王於堯舜惟論略舉大，《韓非子》上法上權上術上勢亟非堯舜之德化，《呂氏春秋》欲接夫堯舜道統之傳卻破碎其義，等等，構成了戰國諸子對堯舜「政治」解讀與態度變化的基本脈絡。戰國諸子對堯舜「政治」傳說的不同態度所反映的或尊重社會演變的連續性，或否定社會演變的連續性，或進步，或復古的歷史觀，在後世的思想文化與政治發展中產生了長期而深刻的影響。

「禪讓」是堯舜傳說中的重要事蹟，所謂「禪讓」，就是指堯舉舜而授之帝位，舜舉禹亦授之帝位。堯之舉舜，舜之舉禹本是二帝「知人」「官人」的具體行政，不過其特殊性在於堯最終將帝位傳於了舜，舜最終亦將帝位傳於了禹。孔子編撰《堯典》詳細記述了堯之禪舜的細節，舜能脩身齊家治國是帝堯決定禪位於他的全部原因，舜既能脩身齊家治國，然後得平天下。所謂「禪讓」，實體現了尊賢的精神實質。孔子編撰《堯典》詳細地記載下了這個傳說的全部過程，或只是對於尊賢精神的表章，從中看不出有絲毫宣揚「禪讓」的色彩。在上博簡《子羔》與《禮記·禮運》兩篇文獻中，孔子雖表現出了對堯舜「禪讓」的贊賞甚至嚮往之情，卻也不奢望於當世去實現它。孔子不鼓吹「禪讓」，七十子以及子思子等儒家第二代第三代的學者亦沒有鼓吹「禪讓」。與子思子同時代的墨子將堯舜「禪讓」傳說引以為其「尚賢」主義的典型歷史案例，但其「尚賢」主義只是要為王公大人提供選才的方法，並沒有明確宣揚或鼓吹「禪讓」的意思。墨家的鉅子制度希望實踐他們的「尚賢」主義，亦與「禪讓」無涉。

顧頡剛先生認為堯舜「禪讓」傳說是「尚賢」主義的產物〔註2〕，馮友蘭先生認為堯舜「禪讓」傳說是說明戰國時期「諸種政權轉移方式之純形式」的一種理論根據〔註3〕，彭邦本認為堯舜「禪讓」傳說之流行與三家分晉、田氏代齊的政治背景有關〔註4〕。本文對於傳世與出土先秦文獻的全面考察，並

〔註2〕 顧頡剛：《禪讓傳說起於墨家考》，呂思勉、童書業編著《古史辨（七）》下冊，第30～107頁。

〔註3〕 馮友蘭：《中國政治哲學與中國歷史中之實際政治》，呂思勉、童書業編著《古史辨（七）》下冊，第300頁。

〔註4〕 彭邦本：《楚簡〈唐虞之道〉初探》，武漢大學中國文化研究院編《郭店楚簡國際學術研討會論文集》，第263頁。

沒有看到堯舜「禪讓」傳說與三家分晉、田氏代齊或當時政權轉移的任何直接關係，也不是墨家爲鼓吹尚賢主義的向壁虛構。堯舜「禪讓」傳說體現了尊賢的精神，它不可能與尊賢精神或尚賢主義完全無關，但它決不只是尊賢精神或尚賢主義自然演進的結果，更是對其原來形式的一種超越。堯舜「禪讓」傳說的興起以至發展爲「禪讓說」，必是受了時勢的刺激，但它也決不是僅僅爲了三家分晉、田氏代齊或任何諸侯之間單純的政權轉移提供可行性方案或理論根據。堯舜「禪讓」傳說的興起以至發展爲「禪讓說」，不是爲了滿足實際政治的需要，恰恰是對實際政治的反動。

上博簡《容成氏》的記述揭示了堯舜「禪讓」傳說興起的邏輯。《容成氏》以「授賢」到「授子」制度的變遷爲線索記述古史，記二十一帝曰「皆不授其子而授賢」，記堯傳舜曰「有子九人，不以其子爲後，見舜之賢也，而欲以爲後」，記舜傳禹曰「有子七人，不以其子爲後，見禹之賢也，而欲以爲後」，記禹之欲禪亦曰「又有子五人，不以其子爲後，見皋陶之賢也，而欲以爲後」云云，皆刻意強調「不授其子」，將兩種制度作比較的意圖十分明顯。在禹之前「皆不授其子而授賢」的制度下，社會長治久安，政治長期清明，而在啓實行「不授賢而授其子」的制度以後，社會一治一亂，政治陷入了治亂循環。相形之下，「授賢」與「授子」制度的優劣顯而易見。「授賢」即是「禪讓」，對「禪讓」的推崇已內化到「古史」書寫的範式之中，授賢「禪讓」必然導致政治清明已成爲一種比較普遍的「歷史」認識，在這種認識下很容易將戰國的紛亂視作世襲制度帶來的惡性循環，那麼爲了擺脫戰亂的局面而將「禪讓」作爲一種達於太平的路徑，於思想學術上加以鼓吹並進一步付諸政治實踐，也就是自然的事情了。

郭店楚簡《唐虞之道》是繼《容成氏》之後鼓吹「禪讓」的典型文獻，是一篇「禪讓說」的理論著述。它大致從三個層面闡述了「禪讓」的主張：首先是從「愛親」與「尊賢」的層面，認爲「愛親」所以「尊賢」，擴充「愛親」之心則利天下，「尊賢」之至則禪；其次是從「養性命之正」的層面，認爲「養性命之正」必老而「致政」，老而「致政」是不以天下爲利，不以天下爲利故「禪而不傳」；最後是從治理效果的層面，認爲只有聖人爲天子才能「世明」「民化」，得出唯有「上德授賢」才能平治天下的結論。儘管《唐虞之道》論述的邏輯十分不嚴密，甚至可以說存在錯亂，一些論據和結論之間並不存在必然關係，但其觀點卻是十分鮮明的，那就是認爲只有「禪而不傳」才能

實現天下的優良治理。這些闡釋，蓋成為戰國中期中後葉幾次「禪讓」嘗試的理論先導。

　　文獻中記有秦孝公、魏惠王、燕王噲「禪讓」的傳說，秦孝公、魏惠王的「禪讓」只是停留於口頭上，燕王噲則實實在在地將「禪讓」付諸行動。但燕王噲的「禪讓」被子之與遊說之士利用，最終落得個身死為戮，幾亡燕國的下場。這個結局表明，「禪讓」在戰國時期已完全沒有政治與社會的基礎，不僅太子勢力會激烈反對，百姓不會擁戴，諸侯也不能容忍。燕王噲「禪讓」的惡果，引起了諸侯對於「禪讓」的深深戒慮，也引起了學者們對於「禪讓說」的反思。如孟子、荀子認為舜之紹堯，禹之紹舜是「天命」「民意」所歸而非私相授受；莊子批評堯舜不能「安其所得」，「任其逍遙」；韓非之徒則誣堯舜以「偪奪」「不慈」之名。在政治上的警惕與學術的批判下，「禪讓說」消沉下去，但堯舜「禪讓」作為一種美好的傳說，仍在一些學者的理想中保留了一絲憧憬。

　　黃帝是堯舜之前的一位「古帝」，其傳說至遲在西周穆王時已經存在，到春秋中期中葉之際，他的世系也出現了。但孔子修撰《尚書》斷自唐虞，「祖述堯舜」而沒有祖述黃帝，除了「夫黃帝尚矣」，「先生難言之」（《五帝德》），更主要的恐怕還是傳說中黃帝以征伐王天下的原因。孔子固不崇尚武力，然亦不非黃帝之功烈，故託於其人其事久遠難言也。黃帝用征伐定天下，孔子不祖述黃帝，墨子亦不道黃帝，故黃帝傳說少見於儒、墨兩家的著述。儒、墨之不表章黃帝，而到了戰中期中葉之際田齊則標榜「高祖」矣。《陳侯因資敦銘》記曰「高祖黃帝，伎嗣桓文」，並誡「葉萬子孫，永為典常」。陳侯因資即齊威王（其時尚未稱王），齊桓晉文是春秋時期有名的霸主，「伎嗣桓文」當然是要爭霸。而黃帝本神農氏之伯而代王，那麼「高祖黃帝」也就是既霸之後再代周王天下了。齊威之時孫臏、田忌將兵兩次大敗魏國，確立了田齊在當時的霸主地位並因而稱王，蓋即其「高祖黃帝，伎嗣桓文」之基本國策的施行。

　　田齊之「高祖黃帝」在學術上產生了重要影響，成書於稷下學者之手的《管子》一書或因受限於田齊「高祖黃帝」的明確目標而沒有對黃帝傳說進行太多的發揮，但黃帝卻因此漸成為古帝明王的新典範，到戰國後期竟形成了依託附會黃帝傳說立論的學術風氣。傳世的先秦文獻中，以《莊子》一書依託附會黃帝傳說最夥。在莊子後學三派之中，「述莊派」崇尚「道」，「道」

即無為，以黃帝為知其言而尚未入其域者。「融合派」亦以「無為」為治天下之最高義，然非徒任清虛自靜，而主張順應天地之道，以真有為達於「無為」。「無君派」激烈地抨擊現實，罵盡了包括黃帝在內的聖帝明王。顯然，「莊學」依託附會黃帝傳說所闡發的思想已經完全超出了田齊「高祖黃帝」的旨意，所討論的治道也遠非祖述那些早期傳說中黃帝以征伐王天下的豐功偉業了。不過，從莊子後學三派的依託附會來看，既便從「融合派」的依託附會來看，或褒或貶，黃帝還沒有一個一致的形象。這可能反映了戰國後期逐漸興起的「黃帝之學」的初始狀況。

馬王堆漢墓帛書《十六經》可能是戰國後期中後葉的學者加工編輯而成，全篇十五章中有八章依託附會黃帝傳說系統闡發了作者的治道思想。若第一章論法天道而任賢為黃帝之基本治道，第二章論法天地陰陽四時而用刑德以為天下正，第三章論清靜自治而治人，第四章論順應天地陰陽萬物之變化以刑德畜正均平天下，第五章論效法天地動靜之道以擒蚩尤，第六章論法天地之道以刑德相用止民之爭，第九章論「循名復一」為治民之成法，第十四章論大庭氏正靜處柔而致治，皆宣揚效法天道清靜無為。至於那沒有依託黃帝君臣傳說而直接闡發議論的七章：若第七章《雌雄節》云知雄守雌可以無凶，第八章《兵容》論法天法地通於人事可以用兵，第十章《三禁》論慎守天地之禁與君令可以致治，第十一章《本伐》論恒行義兵可以暢行無阻，第十二章《前道》論通天時、地利、人和為治國之前道，十三章《行守》論當守天地常道而順應人事之義，第十五章《名刑》論清靜無為審形名以周知萬物得失之理，大致亦皆未離效法天道清靜無為的思想旨趣。《十六經》效法天道之清靜無為，亦如「莊學」中「融合派」之無為而無不為，即以真有為達於無為也。

或者《十六經》還不能算是「黃帝之學」的典型著述，因為其中黃帝的形象基本上仍只是一位虛心問道的「古帝」，真正「黃帝之學」的典型著述應當是直接對於「黃帝言」的依託附會。考《呂氏春秋》、《韓非子》兩部文獻中所稱引的幾則黃帝之言，或宣揚適度全生，或宣揚法天道而治，或宣揚遇合以德，或宣揚因時而動，其義旨大致皆同於《莊子》、《十六經》中所闡發的思想，至少亦不離於「黃帝之學」的思想體系。這些黃帝之言的出現，使得「黃帝之學」的說法可以在真正意義上成立了，因為黃帝不再只是一位問道者的角色。更重要的是，這也使得「黃老之學」的形成有了堅實的思想基

礎，因爲在一個尊崇黃帝、以黃帝爲治道典範的重要學派中，黃帝也不應僅僅是一位問道者的角色。這些「黃帝言」或即採輯於《漢志》中那些稱之爲「經」的黃老著述，它們才是「黃帝之學」的更高級形態，亦是「黃帝之學」更趨近於黃老之學的一環。

「黃帝之學」雜採百家之術，而以「無爲」爲旨歸，實則反映了戰國後期政治上日漸統一的趨勢。馮友蘭先生曾指出戰國中後期存在著兩個歷史任務：「一個是統一全中國的專制主義的中央集權的政權要建立，一個是思想戰線上的『百家爭鳴』的局面要處理。」對於這兩個歷史任務，當時的學者已提出了兩種方案：「一種是荀況和韓非提出的定一家爲一尊，完全排除其外各家的方案。一種是呂不韋在《呂氏春秋》中提出的雜家方案。」〔註5〕說「統一」是歷史任務，未免有太多的價值色彩，但若說當時存在著統一的趨勢，則是客觀的歷史事實。荀、韓欲定一家爲一尊，呂不韋的「雜家」方案亦是要超越百家而定爲一尊。其實亦不止於荀子、韓非、呂不韋欲定爲一尊，諸子百家無不希望自己學說主張定於一尊，戰國後期興起的「黃帝之學」雜合百家，亦是從事這樣的努力。

春秋之前，天下統一於周天子，學術亦在王官。春秋之世天子微弱，諸侯爭霸，天下政治日益分裂，學術也漸流入民間。春秋之末孔子「祖述堯舜，憲章文武」，整理六藝，便是要傳承自堯舜禹湯文武以降的精神文明與制度文明，以免其隨著社會政治的激烈動盪而散佚泯滅。《莊子》曰：「古之人其備乎！配神明，醇天地，育萬物，和天下，澤及百姓，明於本數，係於末度，六通四辟，小大精粗，其運無乎不在。其明而在數度者，舊法世傳之史尙多有之。其在於《詩》《書》《禮》《樂》者，鄒魯之士搢紳先生多能明之。」（《天下》）至於戰國之世，三家分晉，田氏篡齊，周天子名分不保，諸侯相王，天下政治愈陷於分裂無序，學術也因而更加紛雜多元。《天下》篇又曰：「天下大亂，賢智不明，道德不一，天下多得一察焉以自好。」但極而必返，分久而必合，極度無序之中實際上已蘊釀著新的「一」。孟子認爲「不嗜殺人者能一之」（《孟子・梁惠王上》），「不嗜殺人」即是仁政，就是堯舜禹湯文武周公孔子之道。鼓吹「禪讓說」的學者，亦是設想通過「禪讓」重新「一」天下。戰國後期，天下統一的局勢日益明朗，「黃帝之學」則試圖整合諸子百家而爲

〔註5〕 馮友蘭著：《中國哲學史新編》上冊，北京：人民出版社，1998年12月，第283、285頁。

即將形成的帝業提供思想指導。政治與思想學術演進的趨勢相輔相成，由孔子「祖述堯舜」到堯舜「禪讓」傳說之鼓吹，再到「黃帝之學」的興起，反映著春秋以至於戰國時期的政治發展。

但由堯舜「政治」到「禪讓說」，再到「黃帝之學」的演變，並不存在一個學理上的演進邏輯，也不存在前後更迭彼消此長的關係。因孔子「祖述堯舜」的表章，傳說中的堯舜「政治」便一直成為學者稱道的典範，儘管在內容上沒有多少豐富與發展。「禪讓說」在內容上是對堯舜「知人」之政的發揮，二者視角不同，旨趣不同，「禪讓說」鼓吹正熾之時，也是孟子宣揚堯舜之治最力之時，也許正因為對堯舜「政治」的推崇，才更激發了時人對堯舜「禪讓」的嚮往。只是不久「禪讓說」便因實踐的失敗而消沉下去，堯舜「政治」卻依然為學者所傳頌。「禪讓說」消沉下去也不是就完全銷聲匿跡了，它在一些學者的理想中仍保留了一絲憧憬。黃帝被田齊「高祖」之時，堯舜「政治」、堯舜「禪讓」已廣為傳頌，所以其在學術上的影響一時尚未彰顯。直到戰國後期，在「禪讓說」消沉之後，才有「黃帝之學」的興起——二者之間也不存在直接的因果關係。「黃帝之學」在思想內容上雜取了「尊賢」「安民」的主張，而以「道」或曰「無為」作為最高思想旨趣。但「黃帝之學」的興起絲毫沒有削弱堯舜傳說在學術中的地位，據第一章表六的統計，戰國後期堯舜在文獻中被稱述的次數不僅高於以前的任何時代，也高於同時期黃帝被稱述的次數，這一方面可能是戰國後期學術更加昌盛的原因，另一方面可能也是「黃帝之學」的刺激。

從堯舜「政治」到「禪讓說」再到「黃帝之學」的演變中，還存在著一個霸道、王道、帝道、皇道之辨的線索。在先秦文獻中，「霸道」本指齊桓晉文霸諸侯之道，堯舜「政治」是「王道」的典範，「帝道」只是「黃帝之學」的概括，「皇道」沒有實指，所以「霸道」與五霸，尤其是「王道」與三王，「帝道」與五帝，「皇道」與三皇，並非一一對應的關係。只是到了漢代，學者總結先秦的思想學術，將霸、王、帝、皇之道皆給予明確易辨的界定，便與五霸、三王、五帝、三皇一一對應起來了。《新論》曰：「夫上古稱三皇五帝，而次有三王五伯，此天下君之冠首也。故言三皇以道治，而五帝用德化，三王由仁義，五伯以權智。其說之曰：無制令刑罰，謂之皇；有制令而無刑罰，謂之帝；賞善誅惡，諸侯朝事，謂之王；興兵眾，約盟誓，以信義矯世，謂之伯。王者往也，言其惠澤優游天下歸往也。五帝以上久遠，經傳無事，

唯王霸二盛美，以定古今之理焉。」（《王霸篇》）漢人話語中的皇、帝、王、霸之道，說得明白是明白了，但已不完全是先秦時期的內容矣。

最後需要特別說明的是，儘管人王稱帝最初可能源自對上帝的崇拜，但從本文的研究來看，諸侯在爭霸爭王爭帝中似乎都並非在意於名號本身的神性，而是追求實際的政治地位。學者們依託附會「古帝」傳說只是闡發他們的治道，或安民，或尊賢，或無爲，而沒有人宣揚王帝可以有上帝那樣絕對的權威。在那些依託附會中，「古帝」之所以聖明，也並非源自承接於上天的什麼神秘權威，而是在於其實際的德行與功業。「帝」之優於「王」，可能只是戰國中期發生的變化，蓋爲適應諸侯相王之後爭奪天下的需要而已。相信如果七雄並列的形勢延續下去，可能還會有諸侯「相帝」的事情發生，所謂竊號自娛者也。當然，歷史不可以假設，秦嬴統一六國徑貶帝、皇而僭稱「皇帝」了。這可能和本文所考察的角度有關，但無可否認那些傳說中的人文化色彩。當然，從霸到王到帝到皇再到皇帝，也不僅是名號的改變，同時伴隨的還有國體政體的變遷。

二、創新與研究展望

從傳世與出土文獻中，以思想史的視角提出了一個新問題，做了一些前人尚未曾做過的研究，得到了一些創見性的認識。這些創見性的認識已詳述於各章小結及上面的基本結論之中，此處毋再贅述，惟臚列出其梗概：

第一，探討了孔子「祖述堯舜」的意義，考明傳說中堯舜「政治」的基本內涵在於「知人」「安民」，而「知人」所以「安民」，「安民」是堯舜「政治」的根本目標，是堯舜「允執其中」或曰「允迪厥德」的必然結果。

第二，考察了戰國「禪讓說」的發生，考明一些學者鼓吹堯舜「禪讓」傳說實是慕於「禪讓」制度下的政治清明，是要通過「禪讓」改良現實政治。

第三，考察了「黃帝之學」的興起，考明「黃帝之學」的核心義旨是順法天地，靜動以時，無爲而無不爲，是要通過眞有爲而達於無爲之治。

第四，考明了由孔子「祖述堯舜」到戰國「禪讓說」，再到「黃帝之學」的演變，反映了春秋戰國之世諸侯爭霸到爭王再到爭帝的政治發展。

這些所謂創見性的認識，或並非皆具有特別重大的學術意義，但確可以增進對於先秦文獻中「古帝」傳說的了解，矯正人們以往的一些成見。當然，作爲一項新的研究，其中的一些問題還有待進一步的探討——如各章偏重於

對「古帝」傳說思想內涵的考察，而對於它們與其背後整個學術流派的思想之間則沒能進行深入的比較；限於論文主題，對王道、帝道說內涵沒有能進行更詳細的討論；特別是「黃帝之學」與老子之學的關係，尤其值得進一步的深入研究，等等。由於學力及對史料認識的局限性，一些結論可能還不太成熟，甚或可能存在著較大的偏差，隨著更多史料的發現和研究的深入，還需要不斷的修正，正像它們修正了前人的一些成見一樣。這也說明歷史研究的進步是對前人研究成果不斷修正的一個過程，而非基於對某種特定說法的絕對信仰。

參考文獻

一、古代文獻

（一）經部

1. 《十三經注疏》全二冊，〔清〕阮元校刻，北京：中華書局，1980 年 9 月。

2. 《四書章句集注》，〔宋〕朱熹撰，北京：中華書局，1983 年 10 月。

3. 《周易略例》，〔唐〕邢璹注，《四部叢刊》景宋本。

4. 《周易集解纂疏》，〔清〕李道平撰，北京：中華書局，1994 年 3 月。

5. 《尚書大傳》，〔漢〕伏勝撰，〔漢〕鄭玄注，〔清〕陳壽祺輯校，《四部叢刊》景清刻《左海文集》本。

6. 《尚書全解》，〔宋〕林之奇撰，清文淵閣《四庫全書》本。

7. 《書經集傳》，〔宋〕蔡沈注：上海：上海古籍出版社，1987 年 3 月。

8. 《書集傳纂疏》，〔元〕陳櫟撰，《摛藻堂四庫全書薈要》本。

9. 《尚書古文疏證》全二冊，〔清〕閻若璩撰，上海：上海古籍出版社，1987 年 12 月。

10. 《尚書集注音疏》，〔清〕江聲撰，《皇清經解》本。

11. 《尚書義考》，〔清〕戴震撰，民國二十五年《安徽叢書》本。

12. 《古文尚書撰異》，〔清〕段玉裁撰，學海堂《皇清經解》本。

13. 《尚書今古文注疏》，〔清〕孫星衍撰，北京：中華書局，2004 年 2 月第 2 版。

14. 《尚書孔傳參正》全二冊，〔清〕王先謙撰，北京：中華書局，2011 年 9 月。

15. 《今文尚書考證》，〔清〕皮錫瑞撰，北京：中華書局，1989 年 12 月。

16. 《韓詩外傳》，〔漢〕韓嬰撰，《四部叢刊》景明沈氏野竹齋本。

17. 《詩三家義集疏》全二冊，〔清〕王先謙撰，中華書局，1987 年 2 月。

18. 《禮記訓纂》全二冊，〔清〕朱彬撰，北京：中華書局，1996 年 9 月。

19. 《周禮正義》全十四冊，〔清〕孫詒讓撰，北京：中華書局出版，1987 年 12 月。

20. 《大戴禮記解詁》，〔清〕王聘珍撰，北京：中華書局，1983 年 3 月。

21. 《禮經通論》卷上，〔清〕邵懿辰撰，同治二年吳仲宣刊本。

22. 《春秋大事年表》全三冊，〔清〕顧棟高輯，北京：中華書局，1993 年 6 月。

23. 《春秋左傳詁》全二冊，〔清〕洪亮吉撰，北京：中華書局，1987 年 10 月。

24. 《五經異義疏證》，〔清〕陳壽祺撰，清嘉慶刻本。

25. 《駁五經異義疏證》，〔清〕皮錫瑞撰，民國二十三年河間李氏重刻本。

26. 《論語集解義疏》，〔魏〕何晏集解，〔梁〕皇侃義疏，《知不足齋叢書》本。

27. 《論語正義》全二冊，〔清〕劉寶楠撰，北京：中華書局，1990 年 3 月。

28. 《大學古本問》，〔明〕王守仁撰，明萬曆刻百陵學山本。

29. 《孟子字義疏證》，〔清〕戴震著，北京：中華書局，1982 年 5 月第 2 版。

30. 《孟子正義》全二冊，〔清〕焦循撰，北京：中華書局，1987 年 10 月。

31. 《讀四書大全說》，〔清〕王夫之撰，同治四年《船山遺書》本。

32. 《經義述聞》，〔清〕王引之撰：道光七年壽藤書屋重刊本。

33. 《羣經平議》，〔清〕俞樾撰，同治五年刻本。

34. 《說文解字注》，〔漢〕許慎撰、〔清〕段玉裁注，上海：上海古籍出版社，1988 年 2 月第 2 版。

35. 《釋名疏證補》，〔漢〕劉熙撰，〔清〕王先謙證補，清乾隆《經訓堂叢書》本。

36. 《集韻》，〔宋〕丁度撰，宋淳熙金州軍刻本。

37. 《說文古籀補》，〔清〕吳大澂撰，清光緒七年刻本。

（二）史部

1. 《逸周書集訓校釋》，〔清〕朱右曾撰，嚴可均輯，林春溥撰，臺北：世界書局，2010 年 1 月。

2. 《戰國策箋證》全二冊，〔西漢〕劉向集錄，范祥雍箋證，上海：上海古籍出版社，2006 年 12 月。

3. 《山海經箋證》，〔清〕郝懿行撰，清嘉慶十四年阮氏琅環仙館刻本。

4. 《穆天子傳》，〔晉〕郭璞注，《四部叢刊》景明天一閣本。

5. 《世本八種》，〔漢〕宋衷注，〔清〕秦嘉謨等輯，北京：中華書局，2008年8月。

6. 《史記》全十冊，〔漢〕司馬遷撰、〔宋〕裴駰集解、〔唐〕司馬貞索隱、〔唐〕張守節正義，北京：中華書局，1982年11月第2版。

7. 《古列女傳》，〔漢〕劉向撰，《四部叢刊》景明本。

8. 《漢書》全十二冊，〔漢〕班固撰、〔唐〕顏師古注，北京：中華書局，1962年6月。

9. 《越絕書》，〔漢〕袁康撰，《四部叢刊》景明雙柏堂本。

10. 《吳越春秋》，〔漢〕趙曄撰，《中華再造善本叢書》景元大德十年紹興路儒學刻明修本。

11. 《古史攷》，〔三國〕譙周撰、〔清〕孫星衍輯，清嘉慶十一年平津館刊本。

12. 《水經注校證》，〔北魏〕酈道元著、陳橋驛校證，北京：中華書局，2007年7月。

13. 《通典》全五冊，〔唐〕杜佑撰，北京：中華書局，1988年12月。

14. 《史通》，〔唐〕劉知幾撰，明嘉靖刻本。

15. 《司馬溫公稽古錄》，〔宋〕司馬光撰，《四部叢刊三編》景明翻宋本。

16. 《資治通鑑》上冊，〔宋〕司馬光撰，〔元〕胡三省音注，上海：上海古籍出版社，1987年5月。

17. 《資治通鑑外紀》，〔宋〕劉恕撰，《四部叢刊》景明本。

18. 《古史》，〔宋〕蘇轍撰，宋刻元明遞修本。

19. 《皇王大紀》，〔宋〕胡宏撰，清文淵閣《四庫全書》本。

20. 《路史》，〔宋〕羅泌撰，清文淵閣《四庫全書》本。

21. 《通志》，〔宋〕鄭樵撰，清浙江書局本。

22. 《文獻通考》全二冊，〔元〕馬端臨撰，北京：中華書局，1986年9月。

23. 《竹書紀年校正》，〔清〕郝懿行撰，清光緒五年刻本。

24. 《竹書紀年集證》，〔清〕陳逢衡撰，清嘉慶裛露軒刻本。

25. 《逸周書補注》，〔清〕陳逢衡撰，道光乙酉槧本。

26. 《汲冢紀年存真》，〔清〕朱右曾輯錄，清歸硯齋刻本。

（三）子部

1. 《老子道德經》，〔漢〕河上公撰，清《四庫全書》本。

2. 《孔子家語》，〔三國〕王肅注，《四部叢刊》景明翻宋本。

3. 《十一家注孫子校理》，〔春秋〕孫武撰，〔三國〕曹操等注，北京：中華書局，1999 年 3 月。

4. 《墨子閒詁》全二冊，〔清〕孫詒讓撰，北京：中華書局，2001 年 4 月。

5. 《莊子集釋》全三冊，〔清〕郭慶藩撰，北京：中華書局，2004 年 1 月。

6. 《荀子集解》全二冊，〔清〕王先謙撰，北京：中華書局，1988 年 9 月。

7. 《鶡冠子》，〔周〕鶡冠子撰，〔宋〕陸佃解，《四部叢刊》景明翻宋本。

8. 《韓非子集解》，〔清〕王先慎撰，北京：中華書局，1998 年 7 月。

9. 《六韜》，〔周〕呂望撰，《續古逸叢書》景宋刻《五經七書》本。

10. 《吳子》，〔春秋戰國〕吳起撰，《續古逸叢書》景宋刻《五經七書》本。

11. 《司馬法》，〔春秋戰國〕司馬穰苴撰，《續古逸叢書》景宋刻《五經七書》本。

12. 《文子》，〔春秋戰國〕辛鈃撰，清《守山閣叢書》本。

13. 《尹文子》，〔春秋戰國〕尹文撰，《四部叢刊》景明覆宋本。

14. 《尉繚子》，〔春秋戰國〕尉繚撰，《續古逸叢書》景宋刻《五經七書》本。

15. 《黃帝內經素問》，〔唐〕王冰注，《四部叢刊》景明翻北宋本。

16. 《星經》，〔戰國〕甘德、石申著，上海：商務印書館，中華民國二十五年十二月。

17. 《新書校注》，〔漢〕賈誼撰，閻振益、鍾夏校注，北京：中華書局，2007 年 7 月。

18. 《新序校釋》全三冊，〔漢〕劉向編著，石光瑛校釋，北京：中華書局，2001 年 1 月。

19. 《說苑校證》，〔漢〕劉向撰，向宗魯校證，北京：中華書局，1987 年 7 月。

20. 《新輯本桓譚新論》，〔漢〕桓譚撰，朱謙之校輯，北京：中華書局，2009 年 9 月。

21. 《白虎通疏證》全二冊，〔清〕陳立撰，北京：中華書局，1994 年 8 月。

22. 《潛夫論箋校正》，〔漢〕王符著、〔清〕汪繼培箋，北京：中華書局，1985 年 9 月。

23. 《風俗通義校注》全二冊，〔漢〕應劭撰、王利器校注，北京：中華書局，2010 年 5 月。

24. 《北堂書鈔》，〔唐〕虞世南撰，清光緒十四年萬卷樓刻本。

25. 《藝文類聚》，〔唐〕歐陽詢撰，宋紹興本。

26. 《初學記》，〔唐〕徐堅撰，宋刻本配鈔補。

27. 《羣書治要》，〔唐〕魏徵輯，《四部叢刊》景日本本。

28. 《唐開元占經》，〔唐〕瞿曇悉撻撰，清文淵閣《四庫全書》本。

29. 《白氏六貼事類集》，〔唐〕白居易撰，民國景宋本。

30. 《太平御覽》，〔宋〕李昉撰，《四部叢刊三編》景宋本。

31. 《張載集》，〔宋〕張載撰，章錫琛點校，北京：中華書局，1978 年 8 月。

32. 《二程集》全二冊，〔宋〕程顥、程頤著，北京：中華書局，1981 年 7 月。

33. 《象山先生全集》，〔宋〕陸九淵撰，《四部叢刊》景明嘉靖本。

34. 《朱子語類》全八冊，〔宋〕黎靖德編，北京：中華書局，1986 年 3 月。

35. 《讀書錄》，〔明〕薛瑄撰，清文淵閣《四庫全書》本。

36. 《莊子解》，〔清〕王夫之著，北京：中華書局，1964 年 10 月。

37. 《古今偽書考》，〔清〕姚際恒著，顧頡剛點校，北平：樸社，中華民國二十二年十一月再版。

38. 《洙泗考信錄》，〔清〕崔述著，上海：商務印書館，中華民國二十六年六月。

39. 《全上古三代秦漢三國六朝文》第一冊，〔清〕嚴可均校輯，北京：中華書局，1958 年 12 月。

40. 《玉函山房輯佚書》全四冊，〔清〕馬國翰輯，上海：上海古籍出版社，1990 年 12 月。

41. 《玉函山房輯佚書續編三種》，〔清〕王仁俊輯，上海：上海古籍出版社，1989 年 9 月。

42. 《孔子改制考》，〔清〕康有為撰，民國《萬木草堂叢書》本。

（四）集部

1. 《楚辭補注》，〔宋〕洪興祖撰，北京：中華書局，1983 年 3 月。

二、出土文獻

1. 國家文物局古文獻研究室編：《馬王堆漢墓帛書（壹）》，北京：文物出版社，1980 年 3 月。

2. 國家文物局古文獻研究室、河北省博物館、河北省文物研究所定縣漢墓竹簡整理組：《定縣 40 號漢墓出土竹簡簡介》，《文物》總 303 期，1981 年第 8 期，第 11～13 頁。

3. 國家文物局古文獻研究室、河北省博物館、河北省文物研究所定縣漢墓竹簡整理組：《〈儒家者言〉釋文》，《文物》總 303 期，1981 年第 8 期，第 13～19 頁。

4. 河北省文物管理處：《河北省平山縣戰國時期中山國墓葬發掘簡報》，《文物》總 272 期，1979 年第 1 期，第 1～13 頁。

5. 河北省文物研究所：《河北定縣 40 號漢墓發掘簡報》，《文物》總 303 期，1981 年第 8 期，第 1～10 頁。

6. 河北省文物研究所定州漢簡整理小組：《定州西漢中山懷王墓竹簡〈文子〉釋文》，《文物》總第 475 期，1995 年第 12 期，第 27～34 頁。

7. 河北省文物研究所定州漢簡整理小組：《定州西漢中山懷王墓竹簡〈文子〉校勘記》，《文物》總第 475 期，1995 年第 12 期，第 35～37、40 頁。

8. 河北省文物研究所定州漢簡整理小組：《定州西漢中山懷王墓竹簡〈六韜〉釋文及校注》，《文物》總第 540 期，2001 年第 5 期，第 77～83 頁。

9. 河南省文物研究所：《信陽楚墓》，北京：文物出版社，1986 年 3 月。

10. 河南省文物考古研究所編著：《新蔡葛陵楚墓》，鄭州：大象出版社，2003 年 10 月。

11. 湖北省荊沙鐵路考古隊：《包山楚簡》，北京：文物出版社，1991 年 10 月。

12. 湖北省文物考古研究所：《江陵望山沙蒙楚墓》，北京：文物出版社，1996 年 4 月。

13. 湖北省文物考古研究所、北京大學中文系編：《望山楚簡》，北京：中華書局，1995 年 6 月。

14. 湖北省文物考古研究所、北京大學中文系編：《九店楚簡》，北京：中華書局，2000 年 5 月。

15. 湖南省博物館、中國科學院考古研究所編：《長沙馬王堆一號漢墓》上、下集，北京：文物出版社，1973 年 10 月。

16. 荊門市博物館編：《郭店楚墓竹簡》，北京：文物出版社，1998 年 5 月。

17. 荊州地區博物館：《江陵王家臺 15 號秦墓》，《文物》總第 464 期，1995 年第 1 期，第 37～43 頁。

18. 李學勤主編：《清華大學藏戰國竹簡（壹）》全二冊，上海：中西書局，2010 年 12 月。

19. 李學勤主編：《清華大學藏戰國竹簡（貳)》全二冊，上海：中西書局，2011 年 12 月。

20. 劉信芳、梁柱編著：《雲夢龍崗秦簡》，北京：科學出版社，1997 年 7 月。

21. 馬王堆漢墓帛書整理小組編：《經法》，北京：文物出版社，1976 年 5 月。

22. 馬王堆漢墓帛書整理小組編：《馬王堆漢墓帛書（參)》，北京：文物出版社，1983 年 10 月。

23. 馬王堆漢墓帛書整理小組編：《馬王堆漢墓帛書（肆)》，北京：文物出版社，1985 年 3 月。

24. 馬承源主編：《上海博物館藏戰國楚竹書（一）》，上海：上海古籍出版社，2001 年 11 月。

25. 馬承源主編：《上海博物館藏戰國楚竹書（二）》，上海：上海古籍出版社，2002 年 12 月。

26. 馬承源主編：《上海博物館藏戰國楚竹書（三）》，上海：上海古籍出版社，2003 年 12 月。

27. 馬承源主編：《上海博物館藏戰國楚竹書（四）》，上海：上海古籍出版社，2004 年 12 月。

28. 馬承源主編：《上海博物館藏戰國楚竹書（五）》，上海：上海古籍出版社，2005 年 12 月。

29. 馬承源主編：《上海博物館藏戰國楚竹書（六）》，上海：上海古籍出版社，2007 年 7 月。

30. 馬承源主編：《上海博物館藏戰國楚竹書（七）》，上海：上海古籍出版社，2008 年 12 月。

31. 饒宗頤、曾憲通編著：《楚帛書》，香港：中華書局香港分局，1985 年 9 月。

32. 商承祚編著：《戰國楚竹簡匯編》，濟南：齊魯書社，1995 年 11 月。

33. 睡虎地秦墓竹簡整理小組編：《睡虎地秦墓竹簡》，北京：文物出版社，1990 年 9 月。

34. 吳九龍釋：《銀雀山漢簡釋文》，北京：文物出版社，1985 年 12 月。

35. 銀雀山漢墓竹簡整理小組編：《銀雀山漢墓竹簡（壹)》，北京：文物出版社，1985 年 9 月。

36. 張政烺著：《馬王堆帛書〈周易〉經傳校讀》，北京：中華書局，2008 年 4 月。

37. 中國文物研究所古文獻研究室、安徽省阜陽市博物館：《阜陽漢簡〈周易〉釋文》，陳鼓應主編《道家文化研究》第十八輯，北京：生活‧讀書‧新知三聯書店，2000 年 8 月，第 15～62 頁。

38. 中國文物研究所、湖北省文物考古研究所編：《龍崗秦簡》，北京：中華書局，2001 年 8 月。

三、今人論著

C

1. 陳來著：《古代思想文化的世界》，北京：生活‧讀書‧新知三聯書店，2009 年 4 月。

2. 陳偉著：《包山楚簡初探》，武漢：武漢大學出版社，1996 年 8 月。

3. 陳高華、陳智超等著:《中國古代史史料學(修訂本)》,天津:天津古籍出版社,2006 年 9 月。

4. 陳鼓應注譯:《黃帝四經今注今譯——馬王堆漢墓出土帛書》,北京:商務印書館,2007 年 6 月。

5. 陳俊民輯校:《藍田呂氏遺著輯校》,北京:中華書局,1993 年 11 月。

6. 陳夢家著:《尚書通論(增訂本)》,北京:中華書局,1985 年 10 月。

7. 陳夢家著:《殷墟卜辭綜述》,北京:中華書局,1988 年 1 月。

8. 陳夢家著:《西周年代考 六國紀年》,北京:中華書局,2005 年 7 月。

9. 陳榮捷撰:《王陽明傳習錄詳注集評》,臺北:學生書局,中華民國七十七年二月再版。

10. 陳泳超著:《堯舜傳說研究》,南京:南京師範大學出版社,2000 年 8 月。

11. 程樹德撰:《論語集釋》全四冊,北京:中華書局,1990 年 8 月。

D

1. 丁四新著:《郭店楚墓竹簡思想研究》,北京:東方出版社,2000 年 10 月。

2. 丁原明著:《黃老學論綱》,濟南:山東大學出版社,1997 年 12 月。

3. 杜維明著:《〈中庸〉洞見》,北京:人民出版社,2008 年 7 月。

4. 杜維明主編:《思想·文獻·歷史——思孟學派新探》,北京:北京大學出版社,2008 年 4 月。

5. 杜維明著:《體知儒學》,杭州:浙江大學出版社,2012 年 3 月。

F

1. 范文瀾著:《中國通史簡編(修訂本)》第一編,北京:人民出版社,1964 年 8 月第 4 版。

2. 范祥雍編:《古本竹書紀年輯校訂補》,上海:上海人民出版社,1957 年 9 月。

3. 方詩銘、王修齡:《古本竹書紀年輯證》,上海:上海古籍出版社,1981 年 2 月。

4. 方授楚著:《墨學源流》,上海:中華書局、上海書局聯合出版,1989 年 2 月。

5. 方向東撰《大戴禮記匯校集解》全二冊,北京:中華書局,2008 年 7 月。

6. 馮友蘭著:《中國哲學史新編》全三冊,北京:人民出版社,1998 年 12 月。

7. 傅佩榮著:《解讀論語》,上海:上海三聯書店,2007 年 7 月。

G

1. 高明撰：《帛書老子校注》，北京：中華書局，1996 年 5 月。

2. 葛兆光著：《思想史研究課堂講錄——視野、角度與方法》，北京：生活‧讀書‧新知三聯書店，2005 年 4 月。

3. 顧頡剛編著：《古史辨（一）》，上海：上海古籍出版社，1982 年 3 月。

4. 顧頡剛編著：《古史辨（二）》，上海：上海古籍出版社，1982 年 3 月。

5. 顧頡剛編著：《古史辨（三）》，上海：上海古籍出版社，1982 年 8 月。

6. 顧頡剛編著：《古史辨（五）》，上海：上海古籍出版社，1982 年 9 月。

7. 顧頡剛著：《中國上古史研究講義》，北京：中華書局，2009 年 7 月第 3 版。

8. 顧頡剛主編：《古籍考辨叢刊》第一集，北京：社會科學文獻出版社，2010 年 1 月。

9. 顧頡剛著：《顧頡剛古史論文集》全十二卷，顧頡剛著《顧頡剛全集》第 1～13 冊，北京：中華書局，2010 年 12 月。

10. 顧頡剛、劉起釪著：《尚書校釋譯論》全四冊，北京：中華書局，2005 年 4 月。

11. 郭鼎堂著：《先秦天道觀之進展》，上海：商務印書館，中華民國二十五年五月。

12. 郭沫若著：《中國古代社會研究》，北京：人民出版社，1964 年 10 月第 2 版。

13. 郭沫若著：《甲骨文字研究》，郭沫若著作編輯出版委員會編《郭沫若全集：考古編》第一卷，北京：科學出版社，1982 年 9 月。

14. 郭沫若著：《青銅時代》，郭沫若著作編輯出版委員會編《郭沫若全集：歷史編》第一卷，北京：人民出版社，1982 年 9 月。

15. 郭沫若著：《十批判書》，郭沫若著作編輯出版委員會編《郭沫若全集：歷史編》第二卷，北京：人民出版社，1982 年 9 月。

16. 郭沫若著：《兩周金文辭大系圖錄考釋（二）》，郭沫若著作編輯出版委員會編《郭沫若全集：考古編》第八卷，北京：科學出版社，2002 年 10 月。

17. 郭沫若、聞一多、許維遹撰：《管子集校》全二冊，北京：科學出版社，1966 年 3 月。

H

1. 韓建業、楊新改著：《五帝時代——以華夏為核心的古史體系的考古學觀察》，北京：學苑出版社，2006 年 12 月。

2. 韓自強著：《阜陽漢簡〈周易〉研究》，上海：上海古籍出版社，2004 年 7 月。

3. 何炳棣著：《有關〈孫子〉〈老子〉的三篇考證》，臺北：中央研究院近代史研究所，中華民國九十一年八月。

4. 侯外廬、趙紀彬、杜國庠著：《中國思想通史》第一卷，北京：人民出版社，1957 年 3 月。

5. 侯外廬著：《中國古代思想學說史》，瀋陽：遼寧教育出版社，1998 年 3 月。

6. 胡平生、韓自強著：《阜陽漢簡〈詩經〉研究》，上海：上海古籍出版社，1988 年 5 月。

7. 黃暉撰：《論衡校釋》全四冊，北京：中華書局，1990 年 2 月。

8. 黃懷信著：《〈逸周書〉源流考辨》，西安：西北大學出版社，1992 年 1 月。

9. 黃懷信撰：《鶡冠子彙校集注（附通檢）》，北京：中華書局，2004 年 10 月。

10. 黃懷信著：《逸周書校補注譯（修訂本)》，西安：三秦出版社，2006 年 9 月。

11. 黃懷信、張懋鎔、田旭東撰：《逸周書彙校集注》全二冊，上海：上海古籍出版社，1995 年 12 月。

12. 黃雲眉著：《古今偽書攷補證》，濟南：山東人民出版社，1959 年 11 月。

J

1. 翦伯贊主編：《中國史綱要》第一冊，北京：人民出版社，1979 年 3 月。

2. 蔣禮鴻撰：《商君書錐指》，北京：中華書局，1986 年 4 月。

K

1. 匡亞明著：《孔子評傳》，南京：南京大學出版社，1990 年 12 月。

L

1. 黎翔鳳撰：《管子校注》全三冊，北京：中華書局，2004 年 6 月。

2. 李峰著：《西周的政體——中國早期的官僚制度和國家》，北京：生活·讀書·新知三聯書店，2010 年 8 月。

3. 李零著：《長沙子彈庫戰國楚帛書研究》，北京：中華書局，1985 年 7 月。

4. 李零著：《郭店楚簡校讀記》，北京：北京大學出版社，2002 年 3 月。

5. 李零著：《簡帛古書與學術源流》，北京：生活·讀書·新知三聯書店，2004 年 4 月。

6. 李學勤著：《簡帛佚籍與學術史》，南昌：江西教育出版社，2001 年 9 月。

7. 李學勤著：《周易溯源》，成都：巴蜀書社，2006 年 1 月。

8. 李學勤著：《走出疑古時代》，長春：長春出版社，2007 年 1 月。

9. 李學勤、謝桂華主編：《簡帛研究》全二冊，桂林：廣西師範大學出版社，2001 年 9 月。

10. 李元星著：《甲骨文中的殷前古史——盤古王母三皇夏王朝新證》，濟南：濟南出版社，2010 年 10 月。

11. 廖名春著：《新出楚簡試論》，台北：台灣古籍出版有限公司，2001 年 5 月。

12. 劉釗著：《郭店楚簡校釋》，福州：福建人民出版社，2003 年 12 月。

13. 劉起釪著：《尚書學史》，北京：中華書局，1989 年 6 月。

14. 劉起釪著：《古史續辨》，北京：中國社會科學出版社，1991 年 8 月。

15. 劉起釪著：《尚書研究要論》，濟南：齊魯書社，2007 年 1 月。

16. 劉師培著：《劉申叔遺書》全二冊，南京：江蘇古籍出版社，1997 年 11 月。

17. 劉文典撰：《淮南鴻烈集解》全二冊，北京：中華書局，1989 年 5 月。

18. 劉笑敢著：《莊子哲學及其演變》，北京：中國社會科學出版社，1988 年 2 月。

19. 劉信芳著：《子彈庫楚墓出土文獻研究》，台北：藝文印書館，中華民國九十一年元月。

20. 劉澤華主編：《中國政治思想史（先秦卷）》，杭州：浙江人民出版社，1996 年 11 月。

21. 劉澤華著：《中國的王權主義：傳統社會與思想特點考察》，上海：上海人民出版社，2000 年 10 月。

22. 劉澤華、張分田等著：《思想的門徑——中國政治思想史研究方法論》，天津：天津古籍出版社，2006 年 7 月。

23. 柳詒徵編著：《中國文化史》上冊，中正書局，中華民國三十六年十月。

24. 羅根澤著：《諸子考索》，北京：人民出版社，1958 年 2 月。

25. 羅根澤編著：《古史辨（四）》，上海：上海古籍出版社，1982 年 8 月。

26. 羅根澤編著：《古史辨（六）》，上海：上海古籍出版社，1982 年 11 月。

27. 呂思勉、童書業編著：《古史辨（七）》全三冊，上海：上海古籍出版社，1982 年 11 月。

28. 呂振羽著：《簡明中國通史》，北平：生活書店，中華民國三十四年十一月。

M

1. 馬非百著：《管子輕重篇新詮》全二冊，北京：中華書局，1979 年 12 月。
2. 蒙文通編：《古史甄微》，上海：商務印書館，中華民國二十二年三月。
3. 繆鳳林著：《中國通史要略》第一冊，上海：商務印書館，中華民國三十六年二月。

P

1. 龐樸著：《公孫龍子研究》，北京：中華書局，1979 年 12 月。

Q

1. 錢穆著：《黃帝》，北京：生活・讀書・新知三聯書店，2004 年 7 月。
2. 錢穆著：《先秦諸子繫年》，北京：商務印書館，2005 年 1 月。
3. 裘錫圭著：《中國出土古文獻十講》，上海：復旦大學出版社，2004 年 12 月。

R

1. 饒尚寬編著：《春秋戰國秦漢朔閏表（公元前 772 年～公元 220 年）》，北京：商務印書館，2006 年 3 月。
2. 任繼愈主編：《中國哲學發展史（秦漢）》，北京：人民出版社，1985 年 2 月。
3. 任繼愈著：《墨子與墨家（增訂版)》，北京：商務印書館，1998 年 12 月。
4. 《人文雜誌》編輯部編輯：《西周史研究》，《人文雜誌叢刊》第二輯，1984 年 8 月。

S

1. 沈文倬著：《菿闇文存——宗周禮樂文明與中國文化考論》全兩冊，北京：商務印書館，2006 年 6 月
2. 宋華強著：《新蔡葛陵楚簡初探》，武漢：武漢大學出版社，2010 年 3 月。
3. 蘇輿撰：《春秋繁露義證》，北京：中華書局，1992 年 12 月。
4. 蘇秉琦主編：《遠古時代》，白壽彝總主編《中國通史》第二卷，上海：上海人民出版社，1994 年 6 月。
5. 孫啓治、陳建華編撰：《中國古佚書輯本目錄解題》，上海：上海古籍出版社，2009 年 5 月。

T

1. 譚戒甫撰：《公孫龍子形名發微》，北京：中華書局，1963 年 8 月。

2. 陶磊著：《巫統、血統與古帝傳說》，杭州：浙江古籍出版社，2010 年 8 月。

3. 童書業著、童教英校訂：《春秋史（校訂本）》，北京：中華書局，2006 年 8 月。

W

1. 王鍔著：《〈禮記〉成書考》，北京：中華書局，2007 年 3 月。

2. 王暉、賈俊俠著：《先秦秦漢史料學》，北京：中國社會科學出版社，2007 年 12 月。

3. 王國維著：《觀堂集林》全二冊，北京：中華書局，1959 年 6 月。

4. 王國維著：《古史新證——王國維最後的講義》，北京：清華大學出版社，1994 年 12 月。

5. 王利器撰：《新語校注》，北京：中華書局，1986 年 8 月。

6. 王叔岷著：《先秦道法思想講稿》，北京：中華書局，2007 年 7 月。

7. 王玉哲著：《中華遠古史》，上海：上海人民出版社，2000 年 7 月。

8. 汪榮寶撰：《法言義疏》全二冊，北京：中華書局，1987 年 3 月。

9. 衛聚賢著：《古史研究（第三集）》，上海：商務印書館，中華民國二十六年四月。

10. 魏啓鵬著：《馬王堆漢墓帛書〈黃帝書〉箋證》，北京：中華書局，2004 年 12 月。

11. 吳光著：《黃老之學通論》，杭州：浙江人民出版社，1985 年 6 月。

12. 吳毓江撰：《墨子校注》全二冊，北京：中華書局，1993 年 10 月。

13. 吳則虞編著：《晏子春秋集釋》全二冊，北京：中華書局，1962 年 1 月。

X

1. 夏曾佑著：《中國古代史》，重慶：商務印書館，中華民國二十二年十一月。

2. 夏商周斷代工程專家組編著：《夏商周斷代工程 1996～2000 年階段成果報告（簡本）》，北京：世界圖書出版公司，2000 年 10 月。

3. 蕭公權著：《中國政治思想史》，北京：新星出版社：2005 年 11 月。

4. 徐旭生著：《中國古史的傳說時代（增訂本）》，北京：文物出版社，1985 年 10 月。

5. 徐元誥撰：《國語集解（修訂本）》，北京：中華書局，2002 年 6 月。

6. 徐中舒主編：《甲骨文字典》，成都：四川辭書出版社，1988 年 11 月。

7. 徐中舒著：《徐中舒歷史論文選輯》全二冊，北京：中華書局，1998 年 9 月。

8. 許維遹撰：《呂氏春秋集釋》全二冊，北京：中華書局，2009 年 9 月。

9. 許倬雲著：《西周史（增訂本）》，北京：生活・讀書・新知三聯書店，1994 年 12 月。

10. 許倬雲著：《中國古代社會史論──春秋戰國時期的社會流動》，桂林：廣師範大學出版社，2006 年 1 月。

11. 徐宗元輯：《帝王世紀》，北京：中華書局，1964 年 6 月。

Y

1. 楊寬著：《戰國史》，上海：上海人民出版社，1980 年 7 月第 2 版。

2. 楊寬著：《戰國史料編年輯證》，上海：上海人民出版，2001 年 11 月。

3. 楊寬著：《西周史》，上海：上海人民出版社，2003 年 4 月。

4. 楊伯峻編著：《春秋左傳注》全四冊，北京：中華書局，1990 年 5 月第 2 版。

5. 余光明著：《〈黃帝四經〉與黃老思想》，哈爾濱：黑龍江人民出版社，1989 年 8 月。

6. 余嘉錫著：《古書通例》，北京：中華書局，2007 年 10 月。

7. 于省吾主編：《甲骨文字詁林》全四冊，北京：中華書局，1996 年 5 月。

8. 余英時著：《朱熹的歷史世界──宋代士大夫政治文化的研究》全二冊，北京：生活・讀書・新知三聯書店，2004 年 8 月北京。

9. 俞榮根著：《儒家法思想通論（修訂本）》，南寧：廣西人民出版社，1998 年 2 月第 2 版。

10. 于省吾著：《雙劍誃尚書新證、雙劍誃詩經新證、雙劍誃易經新證》，北京：中華書局，2009 年 4 月。

11. 袁珂校注：《山海經校注》，成都：巴蜀書社，1993 年 4 月，第 397～398 頁。

Z

1. 張分田著：《中國帝王觀念：社會普遍意識中的「尊君──罪君」文化範式》，北京：中國人民大學出版社，2004 年 3 月。

2. 張豈之主編：《中國思想學說史・先秦卷》全二冊，桂林：廣西師範大學出版社，2007 年 8 月。

3. 張心澂編著：《偽書通考》全二冊，上海：商務印書館，1939 年 2 月。

4. 張震澤撰：《孫臏兵法校理》，北京：中華書局，1984 年 1 月。

5. 鄭良樹編著：《續偽書通考》全三冊，台北：台灣學生書局，中華民國七十三年六月。

6. 鄭良樹著：《諸子著作年代考》，北京：北京圖書館出版社，2001 年 9 月。

7. 朱鳳瀚、徐勇編著：《先秦史研究概要》，天津：天津教育出版社，1996年7月。

8. 朱淵清、廖名春主編：《上博館藏戰國楚竹書研究續編》，上海：上海書店，2004年7月。

9. 朱謙之撰：《老子校釋》，北京：中華書局，1984年11月。

10. 諸祖耿編撰：《戰國策集注匯考（增補本）》全三冊，南京：鳳凰出版社，2008年12月。

四、學術論文

B

1. 白奚：《〈黃帝四經〉早出之新證》，陳鼓應主編《道家文化研究》第十四輯，北京：生活·讀書·新知三聯書店，1998年7月，第262～278頁。

2. 白於藍：《〈上博簡（二）〉〈容成氏〉編連問題補議》，《華南師範大學學報（社會科學版）》第4期，2004年8月，第91～94、105頁。

C

1. 陳明：《〈唐虞之道〉與早期儒家的社會理念》，《中國哲學》第二十輯，瀋陽：遼寧教育出版社，1999年1月，第243～262頁。

2. 陳鼓應：《帛書〈繫辭〉和帛書〈黃帝四經〉》，陳鼓應主編《道家文化研究》第三輯，上海：上海古籍出版社，1993年8月，第168～180頁。

3. 陳啟雲：《中國人文學術的近代轉型——胡適、傅斯年和錢穆個案》，《河北學刊》第30卷第1期，2010年1月，第1～7頁。

4. 陳筱芳：《帝、天關係的演變》，《西南師範大學學報（人文社會科學版）》第30卷第3期，2004年5月，第116～119頁。

5. 崔冠華：《孔子的「五帝」「三王」觀研究》，曲阜師範大學碩士學位論文，2006年4月。

D

1. 丁進：《清華簡〈保訓〉獻疑》，《中國哲學史》，2010年第3期，第39～44頁。

2. 丁山：《由陳侯因𫎇鐘銘黃帝論五帝》，《國立中央研究院歷史語言研究所集刊》第三本第四分，中華民國二十二年，第517～536頁。

3. 段渝：《中國〈山海經〉討論會上的一些新觀點和爭議問題》，《大自然探索》總第10期，1984年第4期，第173～174頁。

F

1. 范毓周：《郭店楚簡〈唐虞之道〉的釋文、簡序與分章》補，見「簡帛研

究」網站，2002 年 2 月 11 日；http://www.jianbo.org/Wssf/2002/fanyuzhou
03.htm。

2. 馮友蘭：《中國近年研究史學之新趨勢》，馮友蘭著《中國哲學史補》，上
海：商務印書館，第九三至九六頁。

G

1. 高亨、董治安：《〈十大經〉初論》，《歷史研究》，1975 年第 01 期，第 89
～97 頁。

2. 高正：《帛書「十四經」正名》，陳鼓應主編《道家文化研究》第三輯，
上海：上海三籍出版社，1993 年 8 月，第 283～284 頁。

3. 鞏日國：《〈管子〉成書與流傳研究》，山東大學博士論文，2004 年 4 月。

4. 顧頡剛：《周易卦爻辭中的故事》，《燕京學報》第六期單行本，民國十八
年十二月。

5. 顧頡剛：《古代兵、刑無別》，顧頡剛著《史林雜識（初編)》，北京：中
華書局，1963 年 2 月；第八二至八四頁。

H

1. 胡厚宣：殷卜辭中的上帝和王帝（上），《歷史研究（月刊)》，1959 年第
9 期，第 23～50 頁。

2. 胡厚宣：《殷卜辭中的上帝和王帝（下)》，《歷史研究（月刊)》，1959 年
第 10 期，第 89～110 頁。

3. 黃德馨：《〈鬼谷子〉真偽考》，湖南省楚史研究會主編《楚史與楚文化研
究》，長沙：求索雜誌社，1987 年 12 月，第 350～361 頁。

J

1. 姜廣輝：《郭店楚簡與〈子思子〉——兼談郭店楚簡的思想史意義》，《中
國哲學》第二十輯，瀋陽：遼寧教育出版社，1999 年 1 月，第 81～92
頁。

2. 姜廣輝：《〈保訓〉十疑》，《光明日報》2009 年 5 月 4 日，12 版。

3. 姜廣輝：《「清華簡」鑑定可能要經歷一個長期過程——再談對〈保訓〉
篇的質疑》，《光明日報》，2009 年 6 月 8 日，12 版。

4. 姜廣輝：《〈保訓〉疑偽新證五則》，《中國哲學史》，2010 年第 3 期，第
30～34 頁。

5. 蔣重躍：《說「禪」及其反映的王朝更替觀》，《北京師範大學學報（人文
社會科學版)》總第 170 期，2002 年第 2 期，第 40～51 頁。

6. 蔣重躍：《「歷數」和「尚賢」與禪讓說的興起》，《管子學刊》，2006 年
第 3 期，第 78～83 頁。

K

1. 康立：《〈十大經〉的思想和時代》,《歷史研究》,1975 年第 03 期,第 81 ～85 頁。

2. 康殷：《說帝》,《南開學報》,1980 年第 5 期,第 60～63 頁。

L

1. 李銳：《上博館藏楚簡（二）初劄》,簡帛研究网站,2003 年元月 5 日;
   http://www.jianbo.org/wssf/2003/lirui01.htm。

2. 李夏：《帛書〈黃帝四經〉研究》,山東大學博士論文,2007 年 4 月

3. 李存山：《讀楚簡〈忠信之道〉及其他》,《中國哲學》第二十輯,瀋陽:
   遼寧教育出版社,1999 年 1 月,第 263～277 頁。

4. 李存山：《反思經史關係：從「啓攻益」說起》,《中國社會科學》,2003
   年第 3 期,第 75～85 頁。

5. 李桂民：《先秦諸子的黃帝觀述論》,《西北大學學報（哲學社會科學版)》
   第 35 卷第 6 期,2005 年 11 月,第 77～80 頁。

6. 李尚信：《讀王家臺秦墓竹簡「易占」劄記》,《周易研究》總第 88 期,
   2008 年第 2 期,第 17～22 頁。

7. 李學勤：《平山墓葬羣與中山國的文化》,《文物》總 272 期,1979 年第 1
   期,第 37～41 頁。

8. 李學勤：《馬王堆帛書與〈鶡冠子〉》,《江漢考古》,1983 年 02 期,第 51
   ～56 頁。

9. 李學勤：《論新出土簡帛與學術研究》,《傳統文化與現代化》,1993 年第
   1 期,第 65～71 頁。

10. 李學勤：《馬王堆帛書〈經法·大分〉及其他》,陳鼓應主編《道家文化
    研究》第三輯,上海:上海古籍出版社,1993 年 8 月,第 274～282 頁。

11. 李學勤：《關於〈周易〉的幾個問題》,李學勤著《古文獻叢論》,上海:
    上海遠東出版社,1996 年 11 月,第 1～8 頁。

12. 李學勤：《〈嘗麥〉篇研究》,李學勤著《古文獻叢論》,上海:上海遠東
    出版社,1996 年 11 月,第 87～95 頁。

13. 李學勤：《申論〈老子〉的年代》,李學勤著《古文獻叢論》,上海:上海
    遠東出版社,1996 年 11 月,第 137～145 頁。

14. 李學勤：《先秦儒家著作的重大發現》,《中國哲學》第二十輯,瀋陽:遼
    寧教育出版社,1999 年 1 月,第 13～17 頁。

15. 李振宏：《禪讓說思潮何以在戰國時代勃興——兼及中國原始民主思想之
    盛衰》,《學術月刊》第 41 卷 12 月號,2009 年 12 月,第 111～120 頁。

16. 梁韋弦：《郭店簡、上博簡中的禪讓學說與中國古史上的禪讓制》,《史學集刊》第 3 期,2006 年 5 月,第 3～7 頁。

17. 林中軍：《王家臺秦簡《〈歸藏〉出土的易學價值》,《周易研究》總第 48 期,2001 年第 2 期,第 3～12 頁。

18. 劉寶才：《〈唐虞之道〉的歷史與理念——兼論戰國中期的禪讓思潮》,《人文雜誌》,2000 年第 3 期,第 106～110 頁。

19. 劉來成、李曉東：《談談戰國時期中山國歷史上的幾個問題》,《文物》總 272 期,1979 年第 1 期,第 32～36 頁。

20. 龍晦：《馬王堆出土〈老子〉乙本前古佚書探源》,《考古學報》,1975 年第 2 期,第 23～32 頁。

21. 羅新慧：《〈容成氏〉、〈唐虞之道〉與戰國時期禪讓學說》,《齊魯學刊》總第 177 期,2003 年第 6 期,第 104～107 頁。

22. 馬雲志：《郭店楚簡〈唐虞之道〉的禪讓觀》,《蘭州大學學報（社會科學版）》第 30 卷第 5 期,2002 年,第 33～37 頁。

M

1. 蒙文通：《略論黃老學（遺稿）》,陳鼓應主編《道家文化研究》第十四輯,北京：生活・讀書・新知三聯書店,1998 年 7 月,第 232～261 頁。

P

1. 彭邦本：《楚簡〈唐虞之道〉初探》,武漢大學中國文化研究院編《郭店楚簡國際學術研討會論文集》,武漢：湖北人民出版社,2000 年 5 月,第 261～272 頁。

2. 彭邦本：《儒墨舉賢禪讓觀平議——讀〈郭店楚墓竹簡〉》,《四川大學學報（哲學社會科學版）》總第 110 期,2000 年第 5 期,第 119～128 頁。

3. 彭邦本：《楚簡〈唐虞之道〉與古代禪讓傳說》,《學術月刊》,2003 年第 1 期,第 50～56 頁。

4. 彭邦本：《先秦禪讓傳說新探——傳世文獻與出土資料的綜合考察》,四川大學博士論文,2006 年 12 月。

5. 彭裕商：《六帝說》,中國古文字研究會、浙江省文物考古研究所編《古文字研究》第二十輯,北京：中華書局,2004 年 10 月,第 339～342 頁。

6. 彭裕商：《禪讓說源流及學派興衰——以竹書〈唐虞之道〉、〈子羔〉、〈容成氏〉為中心》,《歷史研究》,2009 年第 3 期,第 4～15 頁。

Q

1. 齊文心：《關於商代稱王的封國君長的探討》,《歷史研究（雙月刊）》總第 174 期,1985 年第 2 期,第 63～78 頁。

2. 錢耀鵬:《堯舜禪讓的時代契機與歷史眞實——中國古代國家形成與發展的重要線索》,《社會科學戰線》,2000 年第 5 期,第 127～137 頁。

3. 裘錫圭:《馬王堆〈老子〉甲乙本卷前後佚書與「道法家」——兼論〈心術上〉〈白心〉爲愼到田駢學派作品》,《中國哲學》第二輯,北京:生活・讀書・新知三聯書店,1980 年 3 月,第 68～84 頁。

4. 裘錫圭:《馬王堆〈老子〉甲乙本卷前後佚書與「道法家」——兼論〈心術上〉〈白心〉爲愼到田駢學派作品》,裘錫圭著《古代文史研究新探》,南京:江蘇古籍出版社,1992 年 6 月,第 555～573 頁。

5. 裘錫圭:《讀書劄記(九則)》,裘錫圭著《古代文史研究新探》,南京:江蘇古籍出版社,1992 年 6 月,第 142～155 頁。

6. 裘錫圭:《馬王堆帛書〈老子〉乙本卷前古佚書並非〈黃帝四經〉》,陳鼓應主編《道家文化研究》第三輯,上海:上海三籍出版社,1993 年 8 月,第 249～255 頁。

7. 裘錫圭:《帛書〈要〉篇釋文校記》,陳鼓應主編《道家文化研究》第十八輯,北京:生活・讀書・新知三聯書店,2000 年 8 月,第 279～310 頁。

R

1. 阮芝生:《論禪讓與讓國——歷史與思想的再考察》,《中央研究院第二屆國際漢學會議論文集:歷史與考古組》上冊,台北:中央研究院,1989 年 6 月,第 485～515 頁。

2. 阮芝生:《論吳太伯與季札讓國——〈再論禪讓與讓國〉之貳》,《臺大歷史學報》第 18 期,1994 年 12 月,第 1～38 頁。

3. 阮芝生:《評「禪讓傳說起於墨家」說》,《燕京學報》新三期,1997 年 8 月,第 29～54 頁。

S

1. 史樹青:《信陽長臺關出土竹書考》,《北京師範大學學報》,1963 年第 4 期,第 89～92 頁。

2. 孫錫芳:《〈史記・五帝本紀〉五帝說淺析——兼論先秦時代產生的兩種五帝說》,《山西師大學報(社會科學版)》第 33 卷第 4 期,2006 年 7 月,第 84～87 頁。

T

1. 唐蘭:《馬王堆出土〈老子〉乙本卷前古佚書的研究——兼論其與漢初儒法鬥爭的關係》,《考古學報》,1975 年第 1 期,第 7～16 頁。

2. 唐冶澤:《略論禪讓制的性質》,《史學月刊》,1998 年第 6 期,第 23～27 頁。

3. 全衛敏：《從尚賢到禪讓——戰國政治思想變化的一個側面》，《南都學壇（人文社會科學學報）》第 25 卷第 3 期，2005 年 5 月，第 31～34 頁。

W

1. 王博：《〈黃帝四經〉和〈管子〉四篇》，陳鼓應主編《道家文化研究》第一輯，上海：上海古籍出版社，1992 年 6 月，第 198～213 頁。

2. 王博：《論〈黃帝四經〉產生的地域》，陳鼓應主編《道家文化研究》第三輯，上海：上海三籍出版社，1993 年 8 月，第 223～240 頁。

3. 王輝：《王家臺秦簡〈歸藏〉校釋（28 則)》，《江漢考古》總第 86 期，2003 年第 1 期，第 75～84 頁。

4. 王國維：《古諸侯稱王說》，王國維撰《觀堂別集》卷一，《海甯王忠慤公遺書》本。

5. 王漢昌：《禪讓制研究——兼論原始政治的一些問題》，《北京大學學報（哲學社會科學版）》，1987 年第 6 期，第 119～124 頁。

6. 王世民：《西周春秋金文中的諸侯爵稱》，《歷史研究（雙月刊)》總第 163 期，1983 年第 3 期，第 3～17 頁。

7. 王樹民：《堯、舜、禹禪讓的歷史眞相》，《河北學刊》，1999 年第 4 期，第 64～67 頁。

8. 王曉毅、丁金龍：《從陶寺遺址的考古新發現看堯舜禪讓》，《山西師大學報（社會科學版）》第 31 卷第 3 期，2004 年 7 月，第 87～91 頁。

9. 魏啓鵬：《〈黃帝四經〉思想探源》，《中國哲學》第四輯，北京：生活·讀書·新知三聯書店，1980 年 10 月，第 179～191 頁。

10. 吳銳：《禪讓與封禪新考》，《東嶽論叢》第 20 卷第 1 期，1999 年 1 月，第 93～99 頁。

11. 吳國武：《帝舜姓氏考辨——兼談先秦姓氏禮俗的幾個問題》，《中國典籍與文化》，2005 年第 2 期，第 82～88 頁。

X

1. 蕭萐父：《〈黃老帛書〉哲學淺議》，陳鼓應主編《道家文化研究》第三輯，上海：上海三籍出版社，1993 年 8 月，第 265～273 頁。

2. 許維遹：《呂氏春秋集釋》全二冊，北京：中華書局，2009 年 9 月。

3. 徐中舒：《陳侯四器考釋》，《國立中央研究院歷史語言研究所集刊》第三本第四分，中華民國二十二年，第 479～506 頁。

4. 徐中舒：《論堯舜禹禪讓與父系家族私有制的發生和發展》，徐中舒著《徐中舒歷史論文選輯》下冊，北京：中華書局，1998 年 9 月，第 971～993 頁。

Y

1. 顏新宇:《〈離騷〉寫作時地考索——兼談〈史記・屈原列傳〉的有關問題》,湖南省楚史研究會主編《楚史與楚文化研究》,長沙:求索雜誌社,1987年12月,第362～379頁。

2. 楊寬:《論〈逸周書〉》,《中華文史論叢》總第44期,1989年第1期,第1～14頁。

3. 楊安平:《關於堯、舜、禹「禪讓」制傳說的探討——兼談國家形成的標誌問題》,《中國史研究》,1990年第4期,第56～64頁。

4. 楊啓乾:《常德市德山夕陽坡二號楚墓竹簡初探》,湖南省楚史研究會主編《楚史與楚文化研究》,長沙:求索雜誌社,1987年12月,第336～349頁。

5. 楊儒賓:《黃帝與堯舜——先秦思想的兩種天子觀》,《臺灣東亞文明研究學刊》總第4期,2005年12月第2卷第2期,第99～136頁。

6. 楊善群:《燕王噲「禪讓」事件剖析》,《歷史教學問題》,1986年05期,第19～21、58頁。

7. 楊希枚:《再論堯舜禪讓傳說》,楊希枚著《先秦文化史論集》,北京:中國社會科學出版社,1995年8月,第784～853頁。

8. 楊兆貴:《先秦「五至」論與帝道、王道、霸道說——由〈鶡冠子・博選〉篇說起》,《古代文明》第3卷第3期,2009年7月,第66～74頁。

9. 余光明:《〈黃帝四經〉書名及成書年代考》,陳鼓應主編《道家文化研究》第一輯,上海:上海古籍出版社,1992年6月,第188～197頁。

Z

1. 曾達輝:《今本〈文子〉眞偽考》,陳鼓應主編《道家文化研究》第十八輯,北京:生活・讀書・新知三聯書店,2000年8月,第251～263頁。

2. 張光直:《中國古代王的興起與城邦的形成》,《燕京學報》新三期,1997年8月,第1～14頁。

3. 張政烺:《馬王堆帛書〈周易・繫辭〉校讀》,陳鼓應主編《道家文化研究》第三輯,上海:上海古籍出版社,1993年8月,第27～35頁。

4. 鄭傑文:《禪讓學說的歷史演化及其原因》,《中國文化研究》,2002年春之卷,第26～40頁。

5. 周鳳五:《郭店楚墓竹簡〈唐虞之道〉新釋》,《中央研究院歷史語言研究所集刊》第七十本第三分,民國八十八年九月,第739～759頁。

6. 周生春、明旭:《論孔子爲學的歷程及其思想的演變》,《哲學研究》,2003年第6期,第31～35頁。

7. 周蘇平:《堯、舜、禹「禪讓」的歷史背景》,《西北大學學報(哲學社會

科學版)》第 23 卷（第 79 期），1993 年第 2 期，第 45～52 頁。

8. 周新芳：《先秦帝王稱號及其演變》，《史學月刊》，2004 年第 6 期，第 32～37 頁。

9. 朱德熙、裘錫圭：《平山中山王墓銅器銘文的初步研究》，《文物》總 272 期，1979 年第 1 期，第 42～52 頁。

10. 朱德熙、裘錫圭：《信陽楚簡考釋（五篇）》，《考古學報》1973 年第 1 期，第 121～129 頁。

11. 朱小豐：《論禪讓制度》，《社會科學研究》，2003 年第 3 期，第 125～130 頁。

五、國外著述

論著

1. 〔日〕安居香山、中村璋八輯：《緯書集成》全三冊，石家莊：河北人民出版社，1994 年 12 月。

2. 〔日〕高桑駒吉原著，李繼煌譯述：《中國文化史》，上海：商務印書館，中華民國十五年六月。

3. 〔日〕工藤元男著，〔日〕廣瀨薰雄、曹峰譯：《睡虎地秦簡所見秦代國家與社會》，上海：上海古籍出版社，2010 年 11 月。

4. 〔日〕藤田勝久著，曹峰、〔日〕廣瀨薰雄譯：《〈史記〉戰國史料研究》，上海：上海古籍出版社，2008 年 1 月。

5. 〔美〕艾蘭（Sarah Allan）、邢文編：《新出簡帛研究——新出簡帛國際學術研討會文集》，北京：文物出版社，2004 年 12 月。

6. 〔美〕艾蘭（Sarah Allan）著，孫心菲、周言譯：《世襲與禪讓——古代中國的王朝更替傳說》，北京：北京大學出版社，2002 年 1 月。

論文

1. 〔美〕艾蘭（Sarah Allan）：《楚竹書〈子羔〉與早期儒家思想的性質》，復旦大學出土文獻與古文字研究中心網站論文，收稿日期 2009 年 6 月 13 日，發佈日期 2010 年 2 月 21 日；http://www.gwz.fudan.edu.cn/SrcShow.asp?Src_ID=108。

2. 〔美〕夏含夷（Edward L. Shaughdessy）：《帛書〈繫辭傳〉的編纂》，《阜陽漢簡〈周易〉釋文》，陳鼓應主編《道家文化研究》第十八輯，北京：生活·讀書·新知三聯書店，2000 年 8 月，第 371～381 頁。

3. 〔加〕葉山（Robin D. G. Yates）著，傅海燕譯：《對漢代馬王堆黃老帛書的幾點看法》，湖南省博物館編《馬王堆漢墓研究文集——1992 年馬王堆漢墓國際學術討論會論文選》，長沙：湖南出版社，1994 年 5 月，第

16～26 頁。

4. 〔英〕雷敦龢（Edmund Ryden）：《關於馬王堆黃帝四經的版本和討論》，《阜陽漢簡〈周易〉釋文》，陳鼓應主編《道家文化研究》第十八輯，北京：生活‧讀書‧新知三聯書店，2000 年 8 月，第 348～370 頁。

附錄一　先秦文獻的形成年代

　　考辨先秦文獻的形成年代一向是複雜的問題，一則是許多文獻的形成年代與所記內容的形成年代常常並不一致，一則是許多文獻各篇章的形成年代亦差異很大。根據本文的考察，約四十餘種先秦文獻直接稱述或依託了「古帝」傳說，它們成為本文展開的最基本史料。在這四十餘種先秦文獻中，傳世文獻有《周易》、《尚書》、《逸周書》、《左傳》、《國語》、《論語》、《周禮》、《禮記》、《大戴禮記》、《墨子》、《管子》、《孟子》、《莊子》、《楚辭》、《戰國策》、《古本竹書紀年》、《世本》、《荀子》、《呂氏春秋》、《韓非子》、《公孫龍子》、《商君書》、《山海經》、《穆天子傳》、《鶡冠子》等，出土文獻有馬王堆漢墓帛書《二三子問》、《十六經》，山東銀雀山漢墓竹簡《孫子兵法》、《孫臏兵法》、郭店楚簡《唐虞之道》、上博簡《子羔》、《容成氏》與《武王踐阼》、江陵王家臺秦墓竹簡《易占》、長沙子彈庫帛書《乙篇》、清華簡《尹至》與《保訓》、《陳侯因齊敦銘》、河北平山中山王墓銅銘等。此處不能一一精確考證，惟博採眾說以定其大致形成年代。

一、《周易》、《尚書》、《逸周書》

　　《周易》一書分為經、傳兩個部分，經的部分卦辭爻辭相傳是文王所作，傳的部分即所謂「十翼」，據說是孔子所作（《漢書·藝文志》）。後代學者對於文王作卦辭爻辭及孔子作「十翼」的說法都有懷疑。考《繫辭下》曰：「《易》之興也，其於中古乎？作《易》者，其有憂患乎？」又曰：「《易》之興也，其當殷之末世，周之盛德耶？當文王與紂之事耶？」則卦辭爻辭縱非文王親

作，其形成於殷周之際亦當是不爭的事實〔註1〕。「十冀」多引「子曰」之文，固非孔子親自所作，然既稱引「子曰」，則孔子也不可能與其完全無關。李學勤先生認爲：「孔子晚年對《周易》十分愛好，而且自己撰成了《易傳》（至少其中一部分）。」「子思和公孫尼子都在『七十子之弟子』一輩，他們引用《易傳》，可見《易傳》不會晚於七十子時期。」〔註2〕則定《易傳》之形成在戰國前期前中葉之際較爲合適。

清儒已證孔傳本《古文尚書》是東晉所出，本文所參考依據者是其中的今文部分，主要包括《堯典》、《皋陶謨》及《周書》中的一些篇章。文獻相傳《尚書》（今文）是孔子刪定，但近代學者多否定這種說法。劉起釪先生云：「《書》既與《詩》是孔子重要的兩本教材，由他自己諄諄教讀弟子，那麼這部教材要不是親自編成於孔子之手，恐怕很難找到更合適的編成的人了。那些三代王者爲了某次軍政大事所作的『誥誓號令』文件，孔子當然把原篇彙集起來作爲教材講授，而三代以上零散材料彙編加寫成《堯典》等篇，則這一工作恐怕只能落於孔子之手了。」又云：「在流傳中可能發生些歧異，但《堯典》原篇之編成定稿當出孔子之手。」〔註3〕而若《皋陶謨》，則係西周流傳下來的零散材料由儒家「雜湊成篇」，成篇時間似稍早於孔子〔註4〕。劉氏的觀點很有見地，是《尚書》孔子所編，《堯典》、《皋陶謨》成篇不晚於孔子，《周書》諸篇本是西周檔案。

相較《周易》、《尚書》，《逸周書》的形成可能更爲複雜，學術界的研究也很不夠。傳統說法認爲它是孔子刪書之餘，當代學者或認其編定於晉平公卒後的周景王之世〔註5〕，似皆難以取信。楊寬先生認爲：書中《商誓》、《度邑》、《嘗麥》、《皇門解》、《祭公》、《芮良夫》、《克殷》、《世俘》、《作雒》諸篇是眞西周文獻；《嘗麥》篇是由三篇文字不同的斷簡連綴而成，第一段爲東

〔註1〕 顧頡剛：《周易卦爻辭中的故事》，《燕京學報》第六期單行本，民國十八年十二月。劉起釪：《西周春秋戰國史史料》，陳高華、陳智超等著《中國古代史史料學（修訂本）》，第35～70頁。李學勤：《關於〈周易〉的幾個問題》，李學勤著《古文獻叢論》，第1～8頁。

〔註2〕 李學勤：《關於〈周易〉的幾個問題》，李學勤著《古文獻叢論》，第5、6頁。

〔註3〕 劉起釪：《〈堯典〉寫成時代諸問題》，劉起釪著《尚書研究要論》，濟南：齊魯書社，2007年1月，第168、170頁。

〔註4〕 顧頡剛、劉起釪著：《尚書校釋譯論（第一冊）》，第506～520頁。

〔註5〕 黃懷信著：《〈逸周書〉源流考辨》，西安：西北大學出版社，1992年1月，第89頁。

周以後的作品，第二段爲東周時的作品；同時又輯錄了戰國人僞託的一些篇章及論著，編入了不少戰國時兵家的著作，如《武稱》、《大武》、《大明武》、《小明武》、《柔武》、《武順》、《武穆》、《武紀》等，而《王會解》是形成於戰國時期的歷史小說〔註6〕。李學勤先生認爲：「《世俘》、《商誓》、《皇門》、《嘗麥》、《祭公》、《芮良夫》等篇，均可信爲西周作品」〔註7〕；而《嘗麥》是有關西周刑罰制度的重要文獻，其文字類似西周早期的金文，蓋是周穆王初年的文獻〔註8〕。看來可以將《商誓》、《度邑》、《嘗麥》、《皇門解》、《祭公》、《芮良夫》及《克殷》、《世俘》、《作雒》定爲西周作品，但其它篇章的具體形成時代，則還有待進一步探討。

二、《左傳》、《國語》、《論語》

《左傳》記春秋史事，而下略及戰國之初。《國語》亦記春秋史事，而上略及西周，下略及戰國前期。傳統觀點認爲兩書皆是與孔子同時而年歲少於孔子的魯史左丘明所作，近代學者則多認爲是戰國學者編撰，各篇的形成時代大致即是其內容所反映的那個時代。

《論語》記孔子與門弟子答問之語及行事，《漢書・藝文志》云：「當時弟子各有所記，夫子既卒，門人相與輯而論纂，故謂之《論語》。」其說可信，《論語》之成書經歷了一個長期的過程，今傳本之編定已是漢代。《論語》所記孔子及七十子言行，大致反映了春秋後期中後葉至戰國初期孔門的情形。

三、《周禮》、《大戴禮記》、《禮記》

《周禮》是記載西周及春秋時期周王室及魯、鄭、衛三國官制的一部書。劉起釪先生曰：「可知此書官制原本是春秋以前的，後來雜取了戰國一些制度、辦法。此書可分別作爲春秋、戰國兩時代的史料。」〔註9〕沈文倬先生曰：「《周禮》是記錄官制的書，不可能爲某一個人所憑空造作，說周公制作，說後人理想撰述，均非事實。其中所記，絕大部分是當時實施的制度和實用的

〔註6〕　楊寬：《論〈逸周書〉》，《中華文史論叢》總第44期，1989年第1期，第1～14頁。
〔註7〕　李學勤：《序言》，黃懷信、張懋鎔、田旭東撰《逸周書彙校集注》全二冊，上海：上海古籍出版社，1995年12月，第2頁。
〔註8〕　李學勤：《〈嘗麥〉篇研究》，李學勤著《古文獻叢論》，第87～95頁。
〔註9〕　劉起釪：《西周春秋戰國史史料》，陳高華、陳智超等著《中國古代史史料學（修訂本）》，第35～70頁。

器物。據近人考證，成書在春秋以後，但其時尚存一部分周初之制是可能的。」「《周禮》包括周初至春秋、周王朝至各邦國之制，與其他典籍的記載，不能不有異同。」〔註10〕根據二氏觀點，則以《周禮》爲形成於戰國而記春秋西周之官制則無不妥。

《大戴禮記》、《禮記》相傳爲西漢經師戴德、戴聖所輯，今之學者或考證兩書編成「約在東漢章帝時期」，材料皆源自古文《記》〔註11〕，蓋「解經所未明、補經所未備」也〔註12〕。兩書中的篇章，或成於春秋之末，或成於戰國，或成於秦漢，前師之說，後師之述，弟子附益，摻雜一起，很難絕對地劃清某篇某章成於某人某時。據一般的觀點，若《大戴禮記》之《禮察》、《保傅》、《曾子天圓》、《盛德》、《明堂》、《易本命》及《禮記》之《王制》皆是漢人所作，而《大戴禮記·公符》末節「孝昭冠辭」是漢人摻入的文字，《禮記·月令》則係漢人採輯《呂氏春秋》十二月紀之首章編成。除此之外，沈文倬先生認爲兩書之中，「政類、學類並《樂記》等三十多篇撰作較早，約在魯穆公時；禮類三十九篇撰作較晚，約在魯康公、景公之際」〔註13〕。

沈氏所謂禮類三十九篇，屬於《大戴禮記》的有《禮三本》、《虞戴德》、《諸侯遷廟》、《諸侯釁廟》、《朝事》、《投壺》、《公符》（除去「孝昭冠辭」一節）、《本命》等八篇，它們約寫成於魯康公、景公之際，在公元前 360 年至公元前 323 年間，相當於戰國中期中後葉。而所謂政類、學類的篇章，即《大戴禮記》中其餘的三十一篇除去《禮察》、《保傅》、《曾子天圓》、《盛德》、《明堂》、《易本命》，餘二十五篇約撰成於魯穆公之時，在公元前 415 年至公元前 383 年間，相當於戰國前期後葉至中期前葉之際。上博簡有《武王踐阼》一篇，屬於沈氏所謂「政類」，大致亦當是成於魯穆公之際的作品。但由簡本與傳世本的對比來看，可能傳世本《大戴禮記》中的一些篇章在流傳過程中文字變動較大。

〔註10〕沈文倬著：《孫詒讓周禮學管窺》，沈文倬著《菿闇文存——宗周禮樂文明與中國文化考論》下冊，北京：商務印書館，2006 年 6 月，第 702 頁。

〔註11〕方向東：《前言》，方向東撰《大戴禮記匯校集解》上冊，北京：中華書局，2008 年 7 月，第 3 頁。

〔註12〕沈文倬著：《略論禮典的實行和〈儀禮〉書本的撰作》，沈文倬著《菿闇文存——宗周禮樂文明與中國文化考論》上冊，第 37 頁。

〔註13〕沈文倬著：《略論禮典的實行和〈儀禮〉書本的撰作》，沈文倬著《菿闇文存——宗周禮樂文明與中國文化考論》上冊，第 58 頁。

王鍔對於《禮記》各篇有更詳細的研究，大致將它們的形成年代分作三個歷史時期。按照王氏的觀點，四十九篇之中：《哀公問》、《仲尼燕居》、《孔子閒居》、《儒行》、《曾子問》、《大學》、《學記》、《坊記》、《中庸》、《表記》、《緇衣》、《樂記》、《曲禮》、《少儀》等十四篇成於春秋之末至戰國前期，其中《哀公問》、《仲尼燕居》、《孔子閒居》、《儒行》四篇是孔子的著作，《曾子問》、《大學》是曾子的著作，《坊記》、《中庸》、《表記》、《緇衣》四篇是子思的著作，《樂記》是公孫尼子的著作；《奔喪》、《投壺》、《喪服小記》、《大傳》、《雜記》、《喪大記》、《問喪》、《服問》、《間傳》、《喪服四制》、《三年問》、《祭法》、《祭義》、《祭統》、《王制》、《禮器》、《內則》、《玉藻》、《經解》等十九篇均成於戰國中期；《深衣》、《冠義》、《昏義》、《鄉飲酒義》、《射義》、《燕義》、《聘義》等七篇成於戰國中晚期；《文王世子》、《禮運》、《郊特牲》等三篇於戰國時期陸續撰寫，到戰國晚期整理而成；《檀弓》、《月令》、《明堂位》等三篇成於戰國晚期〔註14〕。

王氏的觀點與沈文倬先生所論有牴牾之處，本文於《大戴禮記》各篇的形成年代主要採用沈氏的說法，《禮記》各篇的形成年代主要採用王氏的說法，兩家牴牾之處則下己意擇善而從。又兩書之中稱引不少孔子之言，如果沒有確鑿的證據證明其是後世偽託，當視爲七十子接聞於夫子而傳世者。惟《大戴禮記》中《四代》、《虞戴德》、《誥志》、《用兵》、《少閒》諸篇，依託「公曰」「子曰」之問答，且「子曰」者自稱「丘」，然考其思想內涵似不類孔子之言，爲謹愼起見，不敢貿然信據爲魯哀公、孔子之言。

四、《墨子》、《管子》、《孟子》、《莊子》、《楚辭》

《墨子》一書是墨家學派的著作結集，各篇的形成時代亦差別較大。清末孫氏曰：「《漢志》墨子書七十一篇，今存者五十三篇。其中《尚賢》、《尚同》、《兼愛》、《非攻》、《節用》、《節葬》、《天志》、《明鬼》、《非樂》、《非命》各分上中下篇，共三十篇，所論略備，足以盡墨子恉要。《經說》上下篇，與莊周所述惠施之論及公孫龍書相出入，似原出墨子，而諸鉅子以其說綴益之。《備城門》以下十餘篇，則又禽滑釐所受兵家之遺法，於墨學爲別傳。惟《脩身》、《親士》諸篇，誼正而文靡，校之它篇殊不類。《當染》篇又頗涉晚周之

〔註14〕其中《曲禮》、《檀弓》、《雜記》皆分上、下。王鍔著：《〈禮記〉成書考》，北京：中華書局，2007年3月，第113～114、209、282頁。

事，非墨子所得聞，疑皆後人以儒言緣飾之，非其本書也。」〔註15〕任繼愈先生據前人考證又認爲《經上》、《經下》、《經說上》、《經說下》、《大取》、《小取》等六篇是「後期墨家的思想」，「《貴義》、《公孟》、《魯問》、《公輸》五篇是記載墨子及其弟子言行的，是研究墨子活動的直接材料」，當然其中也有後學增補者〔註16〕。考墨子大致與子思子同時，《尚賢》、《尚同》、《兼愛》、《非攻》、《節用》、《節葬》、《天志》、《明鬼》、《非樂》、《非命》諸篇應形成於戰國前期中葉前後的四五十年間，各分上中下者，蓋三墨所傳刪削附益有所不同耳。這三十篇也是本文主要參考的部分。

《管子》一書是稷下學者編輯，學術界對它的各個篇章、尤其是「輕重」諸篇的形成年代存在著很大的爭議。此處不便深入討論那些爭議，惟徑採用鞏曰凡的研究成果，定全書各篇大致形成於三個時期：其「經言」、「內言」形成於稷下學宮初期，「外言」、「短語」、「區言」、「雜篇」皆形成於齊宣王、潛王之世，「管子解」與「輕重」諸篇形成於稷下學宮後期〔註17〕。錢穆先生考證，齊之稷下學宮始於田齊桓公午，歷威宣潛襄五世至齊王建，終齊之亡〔註18〕。那麼所謂稷下學宮初期也即桓威之世，當戰國中期中葉；所謂宣王、潛王之世，則當戰國中期後葉至後期前葉之際；所謂稷下學宮後期，也即齊襄王、齊王建之世，當戰國後期中葉前後。齊王建十六年（公元前 249 年）后勝相齊，蓋稷下由此散也。

《孟子》一書的形成比較單純，它的寫成大致在孟子晚年。《史記》曰：「天下方務於合從連衡，以攻伐爲賢，而孟軻乃述唐、虞、三代之德，是以所如者不合。退而與萬章之徒序《詩》《書》，述仲尼之意，作孟子七篇。」（《孟子荀卿列傳》）錢穆先生考證云：孟子於齊宣王八年（公元前 312 年）去齊歸隱，又書中於「齊宣王梁惠王梁襄王鄒穆公滕文公魯平公俱稱謚，獨宋王偃不稱謚」，亦未述及宋偃亡國事，「或孟子書成於魏襄王卒後宋亡前十年之內，上距孟子去齊二十餘年」矣〔註19〕。蓋是《孟子》一書寫成於戰國中期之末

〔註15〕 〔清〕孫詒讓：《自序》，〔清〕孫詒讓撰《墨子閒詁》上冊，北京：中華書局，2001 年 4 月，第 1 頁。

〔註16〕 任繼愈著：《墨子與墨家（增訂版）》，北京：商務印書館，1998 年 12 月，第23 頁。

〔註17〕 鞏曰國：《〈管子〉成書與流傳研究》，山東大學博士論文，2004 年 4 月。

〔註18〕 錢穆著：《先秦諸子繫年》七五《稷下通考》，第 269 頁。

〔註19〕 錢穆著：《先秦諸子繫年》一二二《孟子去齊考》，第 431～434 頁。

至後期之初的二三十年間，惟其所記孟子遊仕齊梁者，則追述耳。

　　《莊子》一書分爲內篇、外篇、雜篇三部分，一般認爲「內篇」七篇是莊子本人的作品，而外、雜諸篇是莊子後學的作品。錢穆考證莊子生年當在周顯王元年至十年間，其卒當在周赧王二十六至三十六年間〔註 20〕，也即生於公元前 368 年至 359 年間，卒於公元前 289 年至 279 年間。其從事學術活動的年代，作保守的估計亦當在公元前 338 年至公元前 289 年，或公元前 329 年至公元前 279 年年間，約相當於戰國中期後葉至戰國後期前葉的五六十年間，則《莊子‧內篇》七篇蓋即形成於這一時期也。至若外、雜諸篇，其最早者或形成於戰國後期前葉，即當莊子晚年，最晚者亦不會遲於戰國末年〔註21〕。

　　《楚辭》全書十七卷，是屈原、宋玉、景差、賈誼、淮南小山、東方朔、嚴夫子、王褒、劉向、王逸等十餘人的作品集。屈原、宋玉、景差是戰國後期的楚國人，其餘都是漢代人。《楚辭》中各篇的作者基本明確，其中屬於屈原的作品有《離騷經》、《九歌》、《天問》、《九章》、《遠遊》、《卜居》、《漁父》等；《九辯》、《招魂》是宋玉的作品；《大招》篇或曰屈原所作，或曰景差作；其餘皆是漢人的作品。《史記》云：上官大夫與屈原「爭寵而心害其能」，因間讒之楚王，王怒而疏屈平，「屈平疾王聽之不聰也，讒諂之蔽明也，邪曲之害公也，方正之不容也，故憂愁幽思而作離騷」（《屈原列傳》）考屈原被絀在楚懷王十六年（公元前 313 年），楚懷王三十年（公元前 299 年）朝秦困死，子頃襄王次年改元〔註22〕。上官大夫復短屈原於頃襄王，「頃襄王怒而遷之」（《屈原列傳》），不久屈原即以憂忿自投汨羅而死。屈原死時蓋在五十歲左右，相當於頃襄王五年（公元前 294 年）左右〔註23〕。那麼《離騷經》至《漁父》七篇之作，亦當在公元前 313 年至公元前 294 年之間，約相當於戰國中期之末至戰國後期之初的近二十年間。《九辯》、《招魂》、《大招》三篇乃宋玉、景差所作，大致寫在屈放逐之後至死後不久，故亦是戰國後期前葉的作品。

〔註20〕 錢穆著：《先秦諸子繫年》八八《莊周生卒考》，第 312～314 頁。
〔註21〕 劉笑敢著：《莊子哲學及其演變》。
〔註22〕 錢穆著：《先秦諸子繫年》一二一《屈原於懷王十六年前被讒見絀十八年使齊非即放逐辨》，第 428～431 頁。
〔註23〕 錢穆著：《先秦諸子繫年》八七《屈原生卒考》，第 308～312 頁。

五、《戰國策》及帛書《戰國縱橫家書》、《古本竹書紀年》、《世本》

《戰國策》是西漢劉向校編，曰：「所校中《戰國策》書，中書餘卷，錯亂相糅莒，又有國別者八篇，少不足。臣向因國別者，略以時次之。分別不以序者以相輔，除復重，得三十三篇。……中書本號，或曰《國策》，或曰《國事》，或曰《短長》，或曰《事語》，或曰《長書》，或曰《脩書》。臣向以爲戰國時游士輔所用之國，爲之策謀，宜爲《戰國策》。」（《戰國策·劉向書錄》）1973 年長沙馬王堆三號漢墓又出土有《戰國縱橫家書》二十七章，其中有十一章的內容見《史記》和今本《戰國策》，其餘十六章的內容則不見於傳世文獻〔註24〕。《戰國策》並不像《左傳》、《國語》那樣皆是史事記載，更多的篇章是遊士們依託之作，或是虛構的故事，所以考辨各篇章的形成年代及其內容的眞實性，是項十分複雜的工作。學術界似乎還很少有這方面的專門研究，惟楊寬先生《戰國史料編年輯證》一書對相關的篇章有所考證，本文直接採用其結論。

《古本竹書紀年》記事止於魏襄王卒年（公元前 296 年），正當戰國後期前葉，蓋即其最終寫成年代。但對於其中是否有《五帝紀》，先儒所見不同。杜氏《春秋經傳集解·後序》云：「其《紀年》篇起自夏、殷、周，皆三代王事，無諸國別也。」《晉史·束晳傳》亦云：「其《紀年》十三篇，記夏以來至周幽王爲犬戎所滅，以事接之，三家分，仍述魏事至安釐王之二十年。」是杜、束二氏皆未見《竹書紀年》有《五帝紀》。惟《集解》引荀勗語曰：「和嶠云『《紀年》起自黃帝，終於魏之今王』。」〔註25〕是和氏見《五帝紀》在《紀年》中也。杜、束、和三人皆親見竹書，所言何以相異如此？郝氏曰：「或預、晳未覩全篇，勗、嶠既同撰次，自宜以起自黃帝者爲定也。」並以郭璞注《山海經》、《爾雅》、《穆天子傳》多援摭爲證〔註26〕。朱氏曰：「豈編年紀事始于夏禹，而五帝之事別爲一編乎？」「夏殷以前事或在《竹書同異》中。」〔註27〕范氏云：「晉葛洪與郭璞引《紀年》已有五帝時事，則由來頗久。杜預、束晳所說，或爲未經編定之本。」〔註28〕方詩銘、王修齡兩位學者亦認爲朱

〔註24〕 《出版說明》，馬王堆漢墓帛書整理小組編《馬王堆漢墓帛書（參）》，第 1 頁。

〔註25〕 注 1 集解引，〔漢〕司馬遷撰，〔宋〕裴駰集解，〔唐〕司馬貞索隱，〔唐〕張守節正義：《史記》第一冊，第 1849 頁。

〔註26〕 〔清〕郝懿行撰：《竹書紀年校正·序》，清光緒五年刻本。

〔註27〕 〔清〕朱右曾輯：《汲冢紀年存眞》卷上，清歸硯齋刻本。

〔註28〕 范祥雍編：《古本竹書紀年輯校訂補》，上海：上海人民出版社，1957 年 9 月，

氏的推測「於事理頗合」，而以五帝之佚文附於夏殷周紀之後〔註29〕。文獻不足，殊難確證，姑從諸家之說。

　　《世本》成書之時代，文獻中說法不一。陳夢家先生認為是「戰國末趙人所作」，成書於「趙政稱帝前十餘年」〔註30〕。按陳氏之說，是《世本》之成書晚《竹書紀年》六七十年，當在戰國之末。劉起釪、李學勤等學者皆認同這一觀點〔註31〕。楊寬先生亦認為《世本》「成書大約在戰國末年」，但他同時也認為其中有西周的史料〔註32〕。由《世本》的內容來看，它應非一時之作，它的許多內容可能來源於春秋甚至西周時期周王室和各國史料。也許它在春秋時期已有寫本，但經過戰國學者的不斷補充。所謂補充，只是追加後世的材料，應該不會對前代那些有文獻根據的記述作太多的改動，但對古史傳說部分進行加工改造則有可能。謹慎起見，則定其中「古帝」傳說部分的文字亦寫定於戰國之末則較穩妥。

六、《荀子》、《呂氏春秋》、《韓非子》、《公孫龍子》、《商君書》

　　《荀子》一書大致是荀子本人的著述，其中的個別篇章，如《大略篇》及《宥坐篇》、《堯曰篇》等的一部分，是其弟子所輯錄〔註33〕。《史記》曰：「春申君死而荀卿廢，因家蘭陵。……荀卿嫉濁世之政，亡國亂君相屬，不遂大道而營於巫祝，信機祥，鄙儒小拘，如莊周等又猾稽亂俗，於是推儒、墨、道德之行事興壞，序列著數萬言而卒。」（《孟子荀卿列傳》）按太史公的意思，則荀子著書是晚年之事。沈文倬先生認為：「《荀子》的撰作當在中年開始，為蘭陵令後積極寫作，至遲在春申被殺、荀況被廢，即秦王政九年時已最後完成。」〔註34〕錢穆先生考證荀子年十五遊學稷下，在齊威王晚世〔註35〕。

　　　　第 5 頁。
〔註29〕　方詩銘、王修齡：《古本竹書紀年輯證》，第 6 頁。
〔註30〕　陳夢家著，《六國紀年》，上海：學習生活出版社，1955 年 12 月，第 137 頁。
〔註31〕　劉起釪：《西周春秋戰國史史料》，陳高華、陳智超等著《中國古代史史料學（修訂本）》，第 35～70 頁。李學勤：《論古代文明》，李學勤著《走出疑古時代》，長春：長春出版社，2007 年 1 月，第 11～52 頁。
〔註32〕　楊寬著：《西周史》，第 9 頁。
〔註33〕　《點校說明》，〔清〕王先謙撰，沈嘯寰、王星賢點校《荀子集解》上冊，第 1頁。
〔註34〕　沈文倬著：《略論禮典的實行和〈儀禮〉書本的撰作》，沈文倬著《菿闇文存——宗周禮樂文明與中國文化考論》上冊，第 55 頁。
〔註35〕　錢穆著：《先秦諸子繫年》一○三《荀卿年十五之齊考》，第 386～388 頁。

齊威王卒於公元前 320 年，如果荀子中年由四十歲計，那麼其著述亦已是公元前 300 年以後的事，屬戰國後期無疑。又《荀子·儒效篇》有荀子與秦昭王問答之語，《彊國篇》有與應侯問答之語，楊寬先生認爲荀子入秦當在長平之戰前，周赧王五十一年（公元前 264 年）至五十四年（公元前 261 年）間〔註36〕。《議兵篇》又記於趙孝成王前論兵事，錢氏復考證荀子於長平之役前適趙，議兵事當在邯鄲解圍之後〔註37〕。楊氏繫此篇於周赧王五十八年（公元前 257 年）〔註38〕，邯鄲解圍正在此年也。

《呂氏春秋》的情況比較簡單，是呂不韋相秦時組織一班門客修撰。考呂不韋於秦莊襄王元年（公元前 249 年）爲相，秦王政十年（公元前 237 年）坐嫪毐免相，十二年（公元前 235 年）死，爲秦相前後十三年，則其修《呂氏春秋》即在這十三年間。又考《呂氏春秋》曰「維秦八年，歲在涒灘，秋，甲子朔，朔之日，良人請問《十二紀》」（《季冬紀·序意》）云云，蓋其時書已著成。「維秦八年」，或謂秦王政八年，或謂七年，或謂六年，或謂其中文字有誤〔註39〕，要之書之著成不會遲於秦政八年（公元前二三九年），當戰國末期。

《韓非子》一書情況相對也不算複雜，主要是韓非本人的作品，《史記》謂韓非「作《孤憤》、《五蠹》、內外《儲》、《說林》、《說難》十餘萬言」（《老子韓非列傳》），也收進了一些其後學的作品或後學整理的有關韓非事蹟的篇章，皆基本上寫成於戰國晚期。考韓非於秦王政十四年（公元前 233 年）使秦囚死，則其本人之著作當寫成於此前，而《存韓》篇可能即此時寫成。錢穆先生考證韓非死時年四、五十歲〔註40〕，使其二十歲開始著文，則其著述亦應皆是公元前 263 年之後的事，其時已是戰國後期中葉之末。故而，可定《韓非子》一書的寫成在戰國後期中葉以後，其後學所作者亦不會遲於戰國之末。

《公孫龍子》全書共六篇，即跡府、指物論、白馬論、通變論、堅白論、

〔註36〕 楊寬著：《戰國史料編年輯證》卷十九「周赧王五十一年」，第 956 頁。

〔註37〕 錢穆著：《先秦諸子繫年》一五一《荀卿至趙見趙孝成王議兵考》，第 532～533 頁。

〔註38〕 楊寬著：《戰國史料編年輯證》卷十九「周赧王五十八年」，第 1009 頁。

〔註39〕 錢穆著：《先秦諸子繫年》一五九《呂不韋著書考》，第 560～564 頁。楊寬著：《戰國史料編年輯證》卷二十「秦王政六年」，第 1078～1081 頁。

〔註40〕 錢穆著：《先秦諸子繫年》一五六《李斯韓非考》，第 550～554 頁。

名實論。其中《跡府篇》是有關公孫龍傳略，爲後人採編，譚戒甫先生以爲「前段爲後漢桓譚所作，後段核由《孔叢子》抄襲而成，或唐人所增」〔註41〕，龐樸先生認爲是公孫龍弟子們編撰的公孫龍傳略〔註42〕。其餘五篇是公孫龍本人的作品。錢穆先生考證公孫龍生於燕噲齊宣之時，卒於趙孝成王十四、五年（公元前252、251年）前後，其壽在六十七十間〔註43〕。若此，設使公孫龍二十歲開始著述，則《公孫龍子》五論的內容當成於戰國後期前中葉之際。而《跡府篇》若爲弟子所撰，則亦當成於戰國之末。惟其爭議較大，不予採用。

今本《商君書》非商鞅自撰，而是戰國後期的法家學者根據相關文獻編撰而成，「既記商鞅言行，亦爲秦國自商鞅變法以後長期實行法治的經驗總結」〔註44〕。蔣禮鴻先生曰：「商君之說存於今者，有書二十四篇。然非出自撰，又頗有譌脫。《四庫提要》摘其不當開卷第一篇即稱孝公之諡，謂是法家者流掇拾鞅餘論以成是編，允矣。」如《徠民》一篇，「斯乃習聞商君遺說者爲秦畫策，本其《農戰》之說而變通之，纂《商君書》者因錄其議，未爲別白言之爾」。「至於餘篇，從多脫譌，猶復屬辭質直而一律，宗旨貫通而不雜，出諸一手，斷可云然。」「……則其書必漢以前人所造，非後之淺陋者所能僞爲，又亦可知。然則其書即非商君自撰，要爲近古，不失商君之意與其時事者也。」〔註45〕

七、《山海經》、《穆天子傳》、《鶡冠子》

學術界對於《山海經》的形成年代爭議較大，或認爲其形成於漢景帝、武帝之時；或認爲其史料來源於夏殷，至漢武帝時編纂成書；或認爲其形成年代不會早於戰國而不會晚於漢武之時；或認爲其是夏殷時代甚至堯舜時代的作品〔註46〕。劉起釪先生等認爲《山經》成於戰國早期，但不會太早；《海

〔註41〕 譚戒甫撰：《公孫龍子形名發微》，北京：中華書局，1963年8月，第7頁。
〔註42〕 龐樸著：《公孫龍子研究》，北京：中華書局，1979年12月。
〔註43〕 錢穆著：《先秦諸子繫年》一四一《公孫龍說燕昭王偃兵考》，第502～503頁。
〔註44〕 劉起釪：《西周春秋戰國史史料》，陳高華、陳智超等著《中國古代史史料學（修訂本）》，第50頁。
〔註45〕 蔣禮鴻：《敘》，蔣禮鴻撰《商君書錐指》，北京：中華書局，1986年4月，第2頁。
〔註46〕 段渝：《中國〈山海經〉討論會上的一些新觀點和爭議問題》，《大自然探索》總第10期，1984年第4期，第173～174頁。

經》當寫定於秦或秦漢之際〔註 47〕。筆者採信劉起釪先生的意見，故文中參考只涉《山經》部分。

《穆天子傳》與《古本竹書紀年》同出汲蒙，姚際恒曾疑爲漢後僞書〔註 48〕，黃雲眉先生認爲今傳雖未必爲古本，亦不必定爲漢後人作〔註 49〕，張心澂先生則認爲它不僞〔註 50〕。劉起釪先生認爲它反映了周代與西北少數民族的交往旅遊情況和有關地理，將之列爲西周戰國文獻〔註 51〕。王暉先生認爲就其所用語言文字的特點來看，寫成時代應在戰國，但其中人物和史實卻爲西周時代〔註 52〕。本文採信王氏的觀點，即將《穆天子傳》視爲寫成於戰國之時。

《鶡冠子》過去也被疑爲僞書，黃懷信先生認爲：「今本《鶡冠子》當是《漢志》『道家』《鶡冠子》與『兵權謀家』《龐煖》之合編」，「當是鶡冠子一生學術的結晶」，它的最終完成「當在公元前二四三至前二三六年間」，《龐煖》的《世賢》、《武靈王》二篇「時代自當稍晚」，但亦在秦統一之前〔註 53〕。李學勤先生認爲《鶡冠子》的成書時代「不出戰國的最後幾年到秦代焚書以前」〔註 54〕。裘錫圭先生亦認爲：「從《鶡冠子》的內容看，此書應是戰國末年作品。」〔註 55〕這麼看來，將《鶡冠子》的形成定在戰國後期後葉應無不妥。

八、馬王堆漢墓帛書《二三子問》、《十六經》

湖南長沙馬王堆漢墓帛書《二三子問》、《十六經》出土於 1973 年底，墓

〔註 47〕 劉起釪：《西周春秋戰國史史料》，陳高華、陳智超等著《中國古代史史料學（修訂本）》，第 35～70 頁。

〔註 48〕 〔清〕姚際恒：《古今僞書考》，長沙：商務印書館，中華民國二十八年十二月。

〔註 49〕 黃雲眉著：《古今僞書攷補証》，濟南：齊魯書社出版，1980 年 6 月。

〔註 50〕 張心澂編著：《僞書通考》上冊，上海：上海書店，1998 年 1 月。

〔註 51〕 劉起釪：《西周春秋戰國史史料》，陳高華、陳智超等著《中國古代史史料學（修訂本）》，第 35～70 頁。

〔註 52〕 王暉、賈俊俠著：《先秦秦漢史料學》，北京：中國社會科學出版社，2007 年 12 月。

〔註 53〕 黃懷信：《前言》，黃懷信撰《鶡冠子彙校集注（附通檢）》，北京：中華書局，2004 年 10 月，第 1～17 頁。

〔註 54〕 李學勤：《走出疑古時代──在一次學術座談會上的發言》，李學勤著《走出疑古時代》，第 8 頁。

〔註 55〕 裘錫圭：《中國出土簡帛古籍在文獻學上的重要意義》，裘錫圭著《中國出土古文獻十講》，第 87 頁。

葬年代是漢文帝前元十二年（公元前 168 年），那麼兩篇帛書的形成不可能遲於這個時間。李學勤先生認爲《二三子問》的形成「估計相當靬臂、矯疵之世」，蓋當戰國前期之末至戰國中期前葉之際〔註 56〕。《十六經》被一些學者視爲《黃帝書》的內容，而將其形成時代提前到戰國早中期〔註 57〕，裘錫圭先生認爲其寫成時代應晚於愼到、田駢〔註 58〕，則當戰國後期中後葉之際。根據先秦思想演進的羅輯，裘氏的說法更有道理，惟第四章中有更詳細的考證，此處毋庸贅述。

九、山東銀雀山漢墓竹簡《孫子兵法》、《孫臏兵法》

《孫子兵法》爲春秋晚期的孫武所作〔註 59〕，《孫臏兵法》爲戰國中期的孫臏所作，已是學術界普遍認可的事情，惟《孫臏兵法》中亦有一些孫臏弟子整理編輯的內容〔註 60〕。孫武是春秋晚期人，大致與孔子同時而年歲稍少，則《孫子兵法》一書的寫成自當在春秋末葉至戰國初葉之際。孫臏是孫武的後世子孫，齊威王初年（大約公元前 355 年前後）至齊，此前曾困於魏國，於齊威王十七年（公元前 340 年）田忌去齊後不知所終，是戰國中期人。考《孫臏兵法》一書所記多在齊論兵事，蓋其書的主體部分亦當寫成於戰國中期中葉。

十、其它出土文獻

湖北江陵王家臺秦墓竹簡《易占》出土於 1993 年初，墓葬的年代約在公元前 278 年至公元前 207 年之間〔註 61〕。一些學者認爲它是《歸藏》的佚文，

〔註 56〕 李學勤：《帛書〈易傳〉及〈繫辭〉的年代》，李學勤著《古文獻叢論》，第 35 頁。
〔註 57〕 唐蘭：《馬王堆出土〈老子〉乙本卷前古佚書的研究——兼論其與漢初儒法鬥爭的關係》，《考古學報》，1975 年第 1 期，第 7～16 頁。
〔註 58〕 裘錫圭：《馬王堆〈老子〉甲乙本卷前後佚書與「道法家」——兼論〈心術上〉〈白心〉爲愼到田駢學派作品》，裘錫圭著《古代文史研究新探》，第 555～575 頁。
〔註 59〕 劉起釪：《西周春秋戰國史史料》，陳高華、陳智超等著《中國古代史史料學（修訂本）》，第 35～70 頁。鄭樹良：《孫子軍事思想的繼承和創新》，鄭樹良著《諸子著作年代考》，北京：北京圖書館出版社，2001 年 9 月，第 58 頁。
〔註 60〕 張震澤：《自序》，張震澤撰《孫臏兵法校理》，北京：中華書局，1984 年 1 月，第 1～2 頁。
〔註 61〕 荊州地區博物館：《江陵王家臺 15 號秦墓》，《文物》總第 464 期，1995 年第 1 期，第 37～43 頁。

形成年代早於《周易》〔註62〕。但考其卦辭中有穆天子（439 簡），有「平公卜元邦尙毋咎」（302 簡），有「宋君卜封□」（214 簡）〔註63〕，無論第 302 簡的「平公」是宋平公（公元前 575 年～公元前 532 年），還是晉平公（公元前 557 年～公元前 532 年）〔註64〕，皆是春秋後期人物，則其寫定亦當在春秋以後。同時考慮到墓葬的年代及帛書的語言特點等，李學勤先生判斷它寫成於戰國之末〔註65〕，應比較合適。

湖南長沙子彈庫帛書《乙篇》在二十世紀三、四十年代出土，墓葬時間約在戰國中晚期之交〔註66〕，李零認爲「帛書帛畫的年代當與此相去不遠」〔註67〕。如李氏所論不差，那麼子彈庫帛書《乙篇》當寫成於戰國中期中後葉。而由它的內容性質來看，很可能產生的時間還更早。

清華大學所藏戰國竹簡中有《尹至》、《保訓》兩篇。經多方鑒定，清華簡的時代爲戰國中晚期，大致爲公元前 305±30 年〔註68〕，即戰國中期後葉至後期前葉之際，竹簡所載文獻的時代當然更早。兩篇文獻的體裁與《尙書》、《逸周書》類似，其中《尹至》記載的是伊尹由夏入商與湯的對話，《保訓》記載的是文王病重之時對武王的訓誡。如果兩篇內容眞四聖遺言，一個是商代初年，一個是商代末年，皆是相當早的文獻記錄。如是依託之作，則其文字也應寫定於戰國中期中葉或更早。不過目前學術界對於清華簡的眞僞尙存在著一些質疑〔註69〕，爲謹愼起見，故文章中不作爲主要的參考文獻。

〔註62〕 林中軍：《王家臺秦簡《〈歸藏〉出土的易學價值》，《周易研究》總第 48 期，2001 年第 2 期，第 3～12 頁。

〔註63〕 王明欽：《王家臺秦墓竹簡概述》，艾蘭、邢文編《新出簡帛研究——新出簡帛國際學術研討會論文集（2000 年 8 月·北京)》，北京：文物出版社，2004 年 12 月，第 26～49 頁。

〔註64〕 李尚信：《讀王家臺秦墓竹簡「易占」箚記》，《周易研究》總第 88 期，2008 年第 2 期，第 17～22 頁。

〔註65〕 李學勤著：《周易溯源》，成都：巴蜀書社，2006 年 1 月，第 289～296 頁。

〔註66〕 曾憲通：《楚帛書研究四十年》，饒宗頤、曾憲通編著《楚帛書》，香港：中華書局香港分局，1985 年 9 月，第 154 頁。

〔註67〕 李零：《長沙子彈庫戰國楚帛書研究》，北京：中華書局，1985 年 7 月，第 10 頁。

〔註68〕 《前言》，李學勤主編《清華大學藏戰國竹簡（壹）》上冊，第 1～4 頁。

〔註69〕 姜廣輝：《〈保訓〉十疑》，《光明日報》2009 年 5 月 4 日，12 版。姜廣輝：《「清華簡」鑒定可能要經歷一個長期過程——再談對〈保訓〉篇的質疑》，《光明日報》2009 年 6 月 8 日，12 版。姜廣輝：《〈保訓〉疑僞新證五則》，《中國哲學史》，2010 年第 3 期，第 30～34 頁。丁進：《清華簡〈保訓〉獻疑》，《中國哲學史》，2010 年第 3 期，第 39～44 頁。等等。

　　另外還有郭店楚簡《唐虞之道》、上博簡《子羔》與《容成氏》、《陳侯因
資敦銘》、河北平山戰國中山王墓銅銘等幾種出土文獻，因其形成年代直接關
乎文章觀點的討論，皆在第三章中有詳細考證，故此處不再贅述。

附錄二　先秦年表

本文中涉及到的歷史分期與紀年，於西周則採用「夏商周斷代工程」的研究成果，於春秋則採用方詩銘先生的整理成果，於戰國則主要採用楊寬先生的考證成果。並根據文章的實際需要，於西周紀年僅列明諸王在位時間，於春秋、戰國紀年則逐年詳列。

表一：西周年表〔註1〕

王號	在位年代（公元前）	在位年數
武王	1046～1043〔註2〕	4
成王	1042～1021	22
康王	1020～996	25
昭王	995～977	19
穆王	976～922	55
共王	922～900	23（共王立年改元）
懿王	899～892	8
孝王	891～886	6
夷王	885～878	8
厲王	877～841	37

〔註 1〕 夏商周斷代工程專家組：《夏商周斷代工程 1996～2000 年階段成果報告（簡本)》，北京：世界圖書出版公司北京公司，2000 年 10 月，第 88 頁。
〔註 2〕 武王之在位年代，始於其滅殷稱王之年，而非始於其繼立之年。

共和	841～828	14（共和攝年改元）
宣王	827～782	46
幽王	781～771	11

表二：春秋紀年〔註3〕

公元前	周	魯	齊	晉	秦	楚	宋	衛	鄭
770	平王1	孝公37	莊公25	文侯11	襄公8	若敖21	戴公30	武公43	武公1
769	2	38	26	12	9	22	31	44	2
768	3	惠公1	27	13	10	23	32	45	3
767	4	2	28	14	11	24	33	46	4
766	5	3	29	15	12	25	34	47	5
765	6	4	30	16	文公1	26	武公1	48	6
764	7	5	31	17	2	27	2	49	7
763	8	6	32	18	3	霄敖1	3	50	8
762	9	7	33	19	4	2	4	51	9
761	10	8	34	20	5	3	5	52	10
760	11	9	35	21	6	4	6	53	11
759	12	10	36	22	7	5	7	54	12
758	13	11	37	23	8	6	8	55	13
757	14	12	38	24	9	蚡冒1	9	莊公1	14
756	15	13	39	25	10	2	10	2	15
755	16	14	40	26	11	3	11	3	16
754	17	15	41	27	12	4	12	4	17
753	18	16	42	28	13	5	13	5	18
752	19	17	43	29	14	6	14	6	19
751	20	18	44	30	15	7	15	7	20
750	21	19	45	31	16	8	16	8	21
749	22	20	46	32	17	9	17	9	22
748	23	21	47	33	18	10	18	10	23

〔註3〕 方詩銘編：中國歷史紀年表，上海：上海辭書出版社，1980年5月新1版，
第4～20頁。

747	24	22	48	34	19	11	宣公1	11	24
746	25	23	49	35	20	12	2	12	25
745	26	24	50	昭侯1	21	13	3	13	26
744	27	25	51	2	22	14	4	14	27
743	28	26	52	3	23	15	5	15	莊公1
742	29	27	53	4	24	16	6	16	2
741	30	28	54	5	25	17	7	17	3
740	31	29	55	6	26	武王1	8	18	4
739	32	30	56	孝侯1	27	2	9	19	5
738	33	31	57	2	28	3	10	20	6
737	34	32	58	3	29	4	11	21	7
736	35	33	59	4	30	5	12	22	8
735	36	34	60	5	31	6	13	23	9
734	37	35	61	6	32	7	14	桓公1	10
733	38	36	62	7	33	8	15	2	11
732	39	37	63	8	34	9	16	3	12
731	40	38	64	9	35	10	17	4	13
730	41	39	釐公1	10	36	11	18	5	14
729	42	40	2	11	37	12	19	6	15
728	43	41	3	12	38	13	穆公1	7	16
727	44	42	4	13	39	14	2	8	17
726	45	43	5	14	40	15	3	9	18
725	46	44	6	15	41	16	4	10	19
724	47	45	7	16	42	17	5	11	20
723	48	46	8	鄂侯1	43	18	6	12	21
722	49	隱公1	9	2	44	19	7	13	22
721	50	2	10	3	45	20	8	14	23
720	51	3	11	4	46	21	9	15	24
719	桓王1	4	12	5	47	22	殤公1	16	25
718	2	5	13	6	48	23	2	宣公1	26
717	3	6	14	哀侯1	49	24	3	2	27

716	4	7	15	2	50	25	4	3	28
715	5	8	16	3	寧公1	26	5	4	29
714	6	9	17	4	2	27	6	5	30
713	7	10	18	5	3	28	7	6	31
712	8	11	19	6	4	29	8	7	32
711	9	桓公1	20	7	5	30	9	8	33
710	10	2	21	8	6	31	馮1	9	34
709	11	3	22	小子1	7	32	2	10	35
708	12	4	23	2	8	33	3	11	36
707	13	5	24	3	9	34	4	12	37
706	14	6	25	湣1	10	35	5	13	38
705	15	7	26	2	11	36	6	14	39
704	16	8	27	3	12	37	7	15	40
703	17	9	28	4	出公1	38	8	16	41
702	18	10	29	5	2	39	9	17	42
701	19	11	30	6	3	40	10	18	43
700	20	12	31	7	4	41	11	19	厲公1
699	21	13	32	8	5	42	12	惠公1	2
698	22	14	33	9	6	43	13	2	3
697	23	15	襄公1	10	武公1	44	14	3	4
696	莊王1	16	2	11	2	45	15	黔牟1	昭公1
695	2	17	3	12	3	46	16	2	2
694	3	18	4	13	4	47	17	3	子亹1
693	4	莊公1	5	14	5	48	18	4	子嬰1
692	5	2	6	15	6	49	19	5	2
691	6	3	7	16	7	50	滑公1	6	3
690	7	4	8	17	8	51	2	7	4
689	8	5	9	18	9	文王1	3	8	5
688	9	6	10	19	10	2	4	9	6
687	10	7	11	20	11	3	5	10	7
686	11	8	12	21	12	4	6	惠公14	8

685	12	9	桓公1	22	13	5	7	15	9
684	13	10	2	23	14	6	8	16	10
683	14	11	3	24	15	7	9	17	11
682	15	12	4	25	16	8	10	18	12
681	釐王1	13	5	26	17	9	桓公1	19	13
680	2	14	6	27	18	10	2	20	14
679	3	15	7	28	19	11	3	21	厲公1
678	4	16	8	武公38	20	12	4	22	2
677	5	17	9	39	德公1	13	5	23	3
676	惠王1	18	10	獻公1	2	堵敖囏1	6	24	4
675	2	19	11	2	宣公1	2	7	25	5
674	3	20	12	3	2	3	8	26	6
673	4	21	13	4	3	4	9	27	7
672	5	22	14	5	4	5	10	28	文公1
671	6	23	15	6	5	成王1	11	29	2
670	7	24	16	7	6	2	12	30	3
669	8	25	17	8	7	3	13	31	4
668	9	26	18	9	8	4	14	懿公1	5
667	10	27	19	10	9	5	15	2	6
666	11	28	20	11	10	6	16	3	7
665	12	29	21	12	11	7	17	4	8
664	13	30	22	13	12	8	18	5	9
663	14	31	23	14	成公1	9	19	6	10
662	15	32	24	15	2	10	20	7	11
661	16	湣公1	25	16	3	11	21	8	12
660	17	2	26	17	4	12	22	戴公1	13
659	18	釐公1	27	18	穆公1	13	23	文公1	14
658	19	2	28	19	2	14	24	2	15
657	20	3	29	20	3	15	25	3	16
656	21	4	30	21	4	16	26	4	17

655	22	5	31	22	5	17	27	5	18
654	23	6	32	23	6	18	28	6	19
653	24	7	33	24	7	19	29	7	20
652	25	8	34	25	8	20	30	8	21
651	襄王1	9	35	26	9	21	31	9	22
650	2	10	36	惠公1	10	22	襄公1	10	23
649	3	11	37	2	11	23	2	11	24
648	4	12	38	3	12	24	3	12	25
647	5	13	39	4	13	25	4	13	26
646	6	14	40	5	14	26	5	14	27
645	7	15	41	6	15	27	6	15	28
644	8	16	42	7	16	28	7	16	29
643	9	17	43	8	17	29	8	17	30
642	10	18	孝公1	9	18	30	9	18	31
641	11	19	2	10	19	31	10	19	32
640	12	20	3	11	20	32	11	20	33
639	13	21	4	12	21	33	12	21	34
638	14	22	5	13	22	34	13	22	35
637	15	23	6	14	23	35	14	23	36
636	16	24	7	文公1	24	36	成公1	24	37
635	17	25	8	2	25	37	2	25	38
634	18	26	9	3	26	38	3	成公1	39
633	19	27	10	4	27	39	4	2	40
632	20	28	昭公1	5	28	40	5	3	41
631	21	29	2	6	29	41	6	4	42
630	22	30	3	7	30	42	7	5	43
629	23	31	4	8	31	43	8	6	44
628	24	32	5	9	32	44	9	7	45
627	25	33	6	襄公1	33	45	10	8	穆公1
626	26	文公1	7	2	34	46	11	9	2
625	27	2	8	3	35	穆王1	12	10	3

624	28	3	9	4	36	2	13	11	4
623	29	4	10	5	37	3	14	12	5
622	30	5	11	6	38	4	15	13	6
621	31	6	12	7	39	5	16	14	7
620	32	7	13	靈公1	康公1	6	17	15	8
619	33	8	14	2	2	7	昭公1	16	9
618	頃王1	9	15	3	3	8	2	17	10
617	2	10	16	4	4	9	3	18	11
616	3	11	17	5	5	10	4	19	12
615	4	12	18	6	6	11	5	20	13
614	5	13	19	7	7	12	6	21	14
613	6	14	20	8	8	莊王1	7	22	15
612	匡王1	15	懿公1	9	9	2	8	23	16
611	2	16	2	10	10	3	9	24	17
610	3	17	3	11	11	4	文公1	25	18
609	4	18	4	12	12	5	2	26	19
608	5	宣公1	惠公1	13	共公1	6	3	27	20
607	6	2	2	14	2	7	4	28	21
606	定王1	3	3	成公1	3	8	5	29	22
605	2	4	4	2	4	9	6	30	靈公1
604	3	5	5	3	5	10	7	31	襄公1
603	4	6	6	4	桓公1	11	8	32	2
602	5	7	7	5	2	12	9	33	3
601	6	8	8	6	3	13	10	34	4
600	7	9	9	7	4	14	11	35	5
599	8	10	10	景公1	5	15	12	穆公1	6
598	9	11	頃公1	2	6	16	13	2	7
597	10	12	2	3	7	17	14	3	8
596	11	13	3	4	8	18	15	4	9
595	12	14	4	5	9	19	16	5	10

594	13	15	5	6	10	20	17	6	11
593	14	16	6	7	11	21	18	7	12
592	15	17	7	8	12	22	19	8	13
591	16	18	8	9	13	23	20	9	14
590	17	成公1	9	10	14	共王1	21	10	15
589	18	2	10	11	15	2	22	11	16
588	19	3	11	12	16	3	共公1	定公1	17
587	20	4	12	13	17	4	2	2	18
586	21	5	13	14	18	5	3	3	悼公1
585	簡王1	6	14	15	19	6	4	4	2
584	2	7	15	16	20	7	5	5	成公1
583	3	8	16	17	21	8	6	6	2
582	4	9	17	18	22	9	7	7	3
581	5	10	靈公1	19	23	10	8	8	4
580	6	11	2	厲公1	24	11	9	9	5
579	7	12	3	2	25	12	10	10	6
578	8	13	4	3	26	13	11	11	7
577	9	14	5	4	27	14	12	12	8
576	10	15	6	5	景公1	15	13	獻公1	9
575	11	16	7	6	2	16	平公1	2	10
574	12	17	8	7	3	17	2	3	11
573	13	18	9	8	4	18	3	4	12
572	14	襄公1	10	悼公1	5	19	4	5	13
571	靈王1	2	11	2	6	20	5	6	14
570	2	3	12	3	7	21	6	7	釐公1
569	3	4	13	4	8	22	7	8	2
568	4	5	14	5	9	23	8	9	3
567	5	6	15	6	10	24	9	10	4
566	6	7	16	7	11	25	10	11	5
565	7	8	17	8	12	26	11	12	簡公1

564	8	9	18	9	13	27	12	13	2
563	9	10	19	10	14	28	13	14	3
562	10	11	20	11	15	29	14	15	4
561	11	12	21	12	16	30	15	16	5
560	12	13	22	13	17	31	16	17	6
559	13	14	23	14	18	康王1	17	18	7
558	14	15	24	15	19	2	18	殤公1	8
557	15	16	25	平公1	20	3	19	2	9
556	16	17	26	2	21	4	20	3	10
555	17	18	27	3	22	5	21	4	11
554	18	19	28	4	23	6	22	5	12
553	19	20	莊公1	5	24	7	23	6	13
552	20	21	2	6	25	8	24	7	14
551	21	22	3	7	26	9	25	8	15
550	22	23	4	8	27	10	26	9	16
549	23	24	5	9	28	11	27	10	17
548	24	25	6	10	29	12	28	11	18
547	25	26	景公1	11	30	13	29	12	19
546	26	27	2	12	31	14	30	獻公1	20
545	27	28	3	13	32	15	31	2	21
544	景王1	29	4	14	33	郟敖1	32	3	22
543	2	30	5	15	34	2	33	襄公1	23
542	3	31	6	16	35	3	34	2	24
541	4	昭公1	7	17	36	4	35	3	25
540	5	2	8	18	37	靈王1	36	4	26
539	6	3	9	19	38	2	37	5	27
538	7	4	10	20	39	3	38	6	28
537	8	5	11	21	40	4	39	7	29
536	9	6	12	22	哀公1	5	40	8	30
535	10	7	13	23	2	6	41	9	31

534	11	8	14	24	3	7	42	靈公1	32
533	12	9	15	25	4	8	43	2	33
532	13	10	16	26	5	9	44	3	34
531	14	11	17	昭公1	6	10	元公1	4	35
530	15	12	18	2	7	11	2	5	36
529	16	13	19	3	8	12	3	6	定公1
528	17	14	20	4	9	平王1	4	7	2
527	18	15	21	5	10	2	5	8	3
526	19	16	22	6	11	3	6	9	4
525	20	17	23	頃公1	12	4	7	10	5
524	21	18	24	2	13	5	8	11	6
523	22	19	25	3	14	6	9	12	7
522	23	20	26	4	15	7	10	13	8
521	24	21	27	5	16	8	11	14	9
520	25	22	28	6	17	9	12	15	10
519	敬王1	23	29	7	18	10	13	16	11
518	2	24	30	8	19	11	14	17	12
517	3	25	31	9	20	12	15	18	13
516	4	26	32	10	21	13	景公1	19	14
515	5	27	33	11	22	昭王1	2	20	15
514	6	28	34	12	23	2	3	21	16
513	7	29	35	13	24	3	4	22	獻公1
512	8	30	36	14	25	4	5	23	2
511	9	31	37	定公1	26	5	6	24	3
510	10	32	38	2	27	6	7	25	4
509	11	定公1	39	3	28	7	8	26	5
508	12	2	40	4	29	8	9	27	6
507	13	3	41	5	30	9	10	28	7
506	14	4	42	6	31	10	11	29	8
505	15	5	43	7	32	11	12	30	9

504	16	6	44	8	33	12	13	31	10
503	17	7	45	9	34	13	14	32	11
502	18	8	46	10	35	14	15	33	12
501	19	9	47	11	36	15	16	34	13
500	20	10	48	12	惠公1	16	17	35	聲公1
499	21	11	49	13	2	17	18	36	2
498	22	12	50	14	3	18	19	37	3
497	23	13	51	15	4	19	20	38	4
496	24	14	52	16	5	20	21	39	5
495	25	15	53	17	6	21	22	40	6
494	26	哀公1	54	18	7	22	23	41	7
493	27	2	55	19	8	23	24	42	8
492	28	3	56	20	9	24	25	出公1	9
491	29	4	57	21	10	25	26	2	10
490	30	5	58	22	悼公1	26	27	3	11
489	31	6	晏孺子1	23	2	27	28	4	12
488	32	7	悼公1	24	3	惠王1	29	5	13
487	33	8	2	25	4	2	30	6	14
486	34	9	3	26	5	3	31	7	15
485	35	10	4	27	6	4	32	8	16
484	36	11	簡公1	28	7	5	33	9	17
483	37	12	2	29	8	6	34	10	18
482	38	13	3	30	9	7	35	11	19
481	39	14	4	31	10	8	36	12	20
480	40	15	平公1	32	11	9	37	莊公1	21
479	41	16	2	33	12	10	38	2	22
478	42	17	3	34	13	11	39	3	23
477	43	18	4	35	14	12	40	起1	24
476	44	19	5	36	屬共公1	13	41	出公後元1	25

表三：戰國紀年 〔註4〕

公元前	周	秦	田齊	趙	魏	韓	楚	燕	齊	晉
475	元王1	厲共公2		襄子1			惠王14	孝公18	平公6	定公37
474	2	3		2			15	19	7	出公1
473	3	4		3			16	20	8	2
472	4	5		4			17	21	9	3
471	5	6		5			18	22	10	4
470	6	7		6			19	23	11	5
469	7	8		7			20	24	12	6
468	定王1	9		8			21	25	13	7
467	2	10		9			22	26	14	8
466	3	11		10			23	27	15	9
465	4	12		11			24	28	16	10
464	5	13		12			25	29	17	11
463	6	14		13			26	30	18	12
462	7	15		14			27	31	19	13
461	8	16		15			28	32	20	14
460	9	17		16			29	33	21	15
459	10	18		17			30	34	22	16
458	11	19		18			31	35	23	17
457	12	20		19			32	36	24	18
456	13	21		20			33	37	25	19
455	14	22		21			34	38	宣公1	20
454	15	23		22			35	成公1	2	21
453	16	24		23			36	2	3	22
452	17	25		24			37	3	4	23
451	18	26		25			38	4	5	敬公1

〔註4〕 楊寬著：《戰國史料編年輯證》，第 1165～1195 頁。楊寬先生的考證自公元前 468 年即周定王元年始，定王元年之前秦、趙、楚、燕、齊、晉紀年據推，惟周元王之紀年依據方詩銘編《中國歷史紀年表》。

450	19	27	26			39	5	6	2
449	20	28	27			40	6	7	3
448	21	29	28			41	7	8	4
447	22	30	29			42	8	9	5
446	23	31	30			43	9	10	6
445	24	32	31	文侯1		44	10	11	7
444	25	33	32	2		45	11	12	8
443	26	34	33	3		46	12	13	9
442	27	躁公1	34	4		47	13	14	10
441	28	2	35	5		48	14	15	11
440	考王1	3	36	6		49	15	16	12
439	2	4	37	7		50	16	17	13
438	3	5	38	8		51	閔公1	18	14
437	4	6	39	9		52	2	19	15
436	5	7	40	10		53	3	20	16
435	6	8	41	11		54	4	21	17
434	7	9	42	12		55	5	22	18
433	8	10	43	13		56	6	23	幽公1
432	9	11	44	14		57	7	24	2
431	10	12	45	15		簡王1	8	25	3
430	11	13	46	16		2	9	26	4
429	12	14	47	17		3	10	27	5
428	13	懷公1	48	18		4	11	28	6
427	14	2	49	19		5	12	29	7
426	15	3	50	20		6	13	30	8
425	威烈王1	4	51	21		7	14	31	9
424	2	靈公1	桓子1	22	武子1	8	15	32	10
423	3	2	獻侯1	23	2	9	16	33	11
422	4	3	2	24	3	10	17	34	12
421	5	4	3	25	4	11	18	35	13
420	6	5	4	26	5	12	19	36	14

419	7	6		5	27	6	13	20	37	15
418	8	7		6	28	7	14	21	38	16
417	9	8		7	29	8	15	22	39	17
416	10	9		8	30	9	16	23	40	18
415	11	10		9	31	10	17	24	41	烈公1
414	12	簡公1		10	32	11	18	簡公	42	2
413	13	2		11	33	12	19	2	43	3
412	14	3		12	34	13	20	3	44	4
411	15	4		13	35	14	21	4	45	5
410	16	5	悼子1	14	36	15	22	5	46	6
409	17	6	2	15	37	16	23	6	47	7
408	18	7	3	烈侯1	38	景侯1	24	7	48	8
407	19	8	4	2	39	2	聲王1	8	49	9
406	20	9	5	3	40	3	2	9	50	10
405	21	10	6	4	41	4	3	10	51	11
404	22	11	和子1	5	42	5	4	11	康公1	12
403	23	12	2	6	43	6	5	12	2	13
402	24	13	3	7	44	7	6	13	3	14
401	安王1	14	4	8	45	8	悼王1	14	4	15
400	2	15	5	9	46	9	2	15	5	16
399	3	惠公1	6	10	47	列侯1	3	16	6	17
398	4	2	7	11	48	2	4	17	7	18
397	5	3	8	12	49	3	5	18	8	19
396	6	4	9	13	50	4	6	19	9	20
395	7	5	10	14	武侯1	5	7	20	10	21
394	8	6	11	15	2	6	8	21	11	22
393	9	7	12	16	3	7	9	22	12	23
392	10	8	13	17	4	8	10	23	13	24
391	11	9	14	18	5	9	11	24	14	25
390	12	10	15	19	6	10	12	25	15	26
389	13	11	16	20	7	11	13	26	16	27

388	14	12	17	21	8	12	14	27	17	桓公1
387	15	13	18	22	9	13	15	28	18	2
386	16	出子1	元	敬侯1	10	文侯1	16	29	19	3
385	17	2	2	2	11	2	17	30	20	4
384	18	獻公1	侯剡1	3	12	3	18	31	21	5
383	19	2	2	4	13	4	19	32	22	6
382	20	3	3	5	14	5	20	33	23	7
381	21	4	4	6	15	6	21	34	24	8
380	22	5	5	7	16	7	肅王1	35	25	9
379	23	6	6	8	17	8	2	36	26	10
378	24	7	7	9	18	9	3	37		11
377	25	8	8	10	19	10	4	38		12
376	26	9	9	11	20	哀侯1	5	39		13
375	烈王1	10	10	12	21	2	6	40		14
374	2	11	桓公1	成侯1	22	懿侯1	7	41		15
373	3	12	2	2	23	2	8	42		16
372	4	13	3	3	24	3	9	桓公1		17
371	5	14	4	4	25	4	10	2		18
370	6	15	5	5	26	5	11	3		19
369	7	16	6	6	惠王1	6	宜王1	4		20
368	顯王1	17	7	7	2	7	2	5		
367	2	18	8	8	3	8	3	6		
366	3	19	9	9	4	9	4	7		
365	4	20	10	10	5	10	5	8		
364	5	21	11	11	6	11	6	9		
363	6	22	12	12	7	12	7	10		
362	7	23	13	13	8	昭侯1	8	11		
361	8	孝公1	14	14	9	2	9	文公1		
360	9	2	15	15	10	3	10	2		
359	10	3	16	16	11	4	11	3		
358	11	4	17	17	12	5	12	4		

357	12	5	18	18	13	6	13	5	
356	13	6	威王1	19	14	7	14	6	
355	14	7	2	20	15	8	15	7	
354	15	8	3	21	16	9	16	8	
353	16	9	4	22	17	10	17	9	
352	17	10	5	23	18	11	18	10	
351	18	11	6	24	19	12	19	11	
350	19	12	7	25	20	13	20	12	
349	20	13	8	蕭侯1	21	14	21	13	
348	21	14	9	2	22	15	22	14	
347	22	15	10	3	23	16	23	15	
346	23	16	11	4	24	17	24	16	
345	24	17	12	5	25	18	25	17	
344	25	18	13	6	26	19	26	18	
343	26	19	14	7	27	20	27	19	
342	27	20	15	8	28	21	28	20	
341	28	21	16	9	29	22	29	21	
340	29	22	17	10	30	23	30	22	
339	30	23	18	11	31	24	威王1	23	
338	31	24	19	12	32	25	2	24	
337	32	惠文王1	20	13	33	26	3	25	
336	33	2	21	14	34	27	4	26	
335	34	3	22	15	35	28	5	27	
334	35	4	23	16	惠王後元1	29	6	28	
333	36	5	24	17	2	30	7	29	
332	37	6	25	18	3	宣惠王1	8	易王1	
331	38	7	26	19	4	2	9	2	
330	39	8	27	20	5	3	10	3	
329	40	9	28	21	6	4	11	4	

328	41	10	29	22	7	5	懷王 1	5		
327	42	11	30	23	8	6	2	6		
326	43	12	31	24	9	7	3	7		
325	44	13	32	武靈王 1	10	8	4	8		
324	45	更元 1	33	2	11	9	5	9		
323	46	2	34	3	12	10	6	10		
322	47	3	35	4	13	11	7	11		
321	48	4	36	5	14	12	8	12		
320	慎靚王 1	5	37	6	15	13	9	王噲 1		
319	2	6	宣王 1	7	16	14	10	2		
318	3	7	2	8	襄王 1	15	11	3		
317	4	8	3	9	2	16	12	子之 1		
316	5	9	4	10	3	17	13	2		
315	6	10	5	11	4	18	14	3		
314	赧王 1	11	6	12	5	19	15	4		
313	2	12	7	13	6	20	16	5		
312	3	13	8	14	7	21	17	6		
311	4	14	9	15	8	襄王 1	18	昭王 1		
310	5	武王 1	10	16	9	2	19	2		
309	6	2	11	17	10	3	20	3		
308	7	3	12	18	11	4	21	4		
307	8	4	13	19	12	5	22	5		
306	9	昭王 1	14	20	13	6	23	6		
305	10	2	15	21	14	7	24	7		
304	11	3	16	22	15	8	25	8		
303	12	4	17	23	16	9	26	9		
302	13	5	18	24	17	10	27	10		
301	14	6	19	25	18	11	28	11		
300	15	7	湣王 1	26	19	12	29	12		

299	16	8	2	27	20	13	30	13		
298	17	9	3	惠文王1	21	14	頃襄王1	14		
297	18	10	4	2	22	15	2	15		
296	19	11	5	3	23	16	3	16		
295	20	12	6	4	昭王1	釐王1	4	17		
294	21	13	7	5	2	2	5	18		
293	22	14	8	6	3	3	6	19		
292	23	15	9	7	4	4	7	20		
291	24	16	10	8	5	5	8	21		
290	25	17	11	9	6	6	9	22		
289	26	18	12	10	7	7	10	23		
288	27	19	13	11	8	8	11	24		
287	28	20	14	12	9	9	12	25		
286	29	21	15	13	10	10	13	26		
285	30	22	16	14	11	11	14	27		
284	31	23	17	15	12	12	15	28		
283	32	24	襄王1	16	13	13	16	29		
282	33	25	2	17	14	14	17	30		
281	34	26	3	18	15	15	18	31		
280	35	27	4	19	16	16	19	32		
279	36	28	5	20	17	17	20	33		
278	37	29	6	21	18	18	21	嘉王1		
277	38	30	7	22	19	19	22	2		
276	39	31	8	23	安釐王1	20	23	3		
275	40	32	9	24	2	21	24	4		
274	41	33	10	25	3	22	25	5		
273	42	34	11	26	4	23	26	6		
272	43	35	12	27	5	桓惠王1	27	7		
271	44	36	13	28	6	2	28	武威王1		

270	45	37	14	29	7	3	29	2		
269	46	38	15	30	8	4	30	3		
268	47	39	16	31	9	5	31	4		
267	48	40	17	32	10	6	32	5		
266	49	41	18	33	11	7	33	6		
265	50	42	19	孝成王1	12	8	34	7		
264	51	43	王建1	2	13	9	35	8		
263	52	44	2	3	14	10	36	9		
262	53	45	3	4	15	11	考烈王1	10		
261	54	46	4	5	16	12	2	11		
260	55	47	5	6	17	13	3	12		
259	56	48	6	7	18	14	4	13		
258	57	49	7	8	19	15	5	14		
257	58	50	8	9	20	16	6	孝王1		
256	59	51	9	10	21	17	7	2		
255		52	10	11	22	18	8	3		
254		53	11	12	23	19	9	王喜1		
253		54	12	13	24	20	10	2		
252		55	13	14	25	21	11	3		
251		56	14	15	26	22	12	4		
250		孝文王1	15	16	27	23	13	5		
249		莊襄王1	16	17	28	24	14	6		
248		2	17	18	29	25	15	7		
247		3	18	19	30	26	16	8		
246		秦王政1	19	20	31	27	17	9		
245		2	20	21	32	28	18	10		
244		3	21	悼襄王1	33	29	19	11		

243		4	22	2	34	30	20	12		
242		5	23	3	景滑王1	31	21	13		
241		6	24	4	2	32	22	14		
240		7	25	5	3	33	23	15		
239		8	26	6	4	34	24	16		
238		9	27	7	5	王安1	25	17		
237		10	28	8	6	2	幽王1	18		
236		11	29	9	7	3	2	19		
235		12	30	趙王遷1	8	4	3	20		
234		13	31	2	9	5	4	21		
233		14	32	3	10	6	5	22		
232		15	33	4	11	7	6	23		
231		16	34	5	12	8	7	24		
230		17	35	6	13	9	8	25		
229		18	36	7	14		9	26		
228		19	37	8	15		10	27		
227		20	38	代王嘉1	王假1		王負芻1	28		
226		21	39	2	2		2	29		
225		22	40	3	3		3	30		
224		23	41	4			4	31		
223		24	42	5			5	32		
222		25	43	6				33		
221		26	44							

後　記

　　本書是我的博士學位論文，原題目是「先秦文獻中的『古帝』傳說研究——基於思想史的視角」。這次出版，爲了更突出全書的主旨，特將副標題修改爲「『託古』範式下的諸子政治思想演變」。除此之外，還校對了文中的一些錯誤，根據學術界新的研究成果修改了所引簡帛文獻中的一些古僻文字，並對個別內容的表述略作修正和潤色。但主要內容和結構安排，保持了原貌。

　　歲月飛逝，彈指間博士畢業已逾五個寒暑，但攻讀博士學位期間諸師友的指導與幫助仍歷歷在目。在攻讀博士學位期間的學習與生活中，尤其在博士論文的寫作過程中，我得到了導師周生春教授的悉心指導和幫助。周老師也是我的碩士研究生導師，學識淵博，治學謹嚴，言傳身教，循循善誘，深刻影響了我對待學習、工作和爲人處世的態度，促我不斷成長進步，永誌難忘！

　　在攻讀博士學位期間的學習、尤其是博士論文的寫作過程中，我也得到了浙江大學中國古代史研究所各位老師的眞誠幫助和指導。盧向前老師、陶磊老師、樓毅生老師一直關心我的論文寫作進度，我在寫作過程中也多次向他們請教。開題報告和預答辯時，陶磊老師、盧向前老師、孫競昊老師、樓毅生老師、鮑永軍老師、陳志堅老師、杜正貞老師、吳豔紅老師、陸敏珍老師、楊雨蕾老師、吳錚強老師等都對我的研究思路及方法提出了富有建設性的意見，預答辯及答辯程序中更是得到了孫競昊老師的全力幫助。

　　在攻讀博士學位期間，我參與了浙江大學儒商與東亞文明研究中心的許多工作，並兼任「文化中國人才計畫」的助教，有幸際遇許多著名學者，如

杜維明教授、王賡武教授、倉修良教授、楊曾文教授、劉笑敢教授、鄭培凱教授、梁元生教授、朱鴻林教授、李伯重教授、葉坦教授、尹曉煌教授、傅佩榮教授、彭林教授、葉翰（Hans van Ess）教授、張元教授、俞江教授、李明友教授、曾繁如先生等，都曾對我的學習或博士論文寫作提出過指導和幫助，尤其曾繁如先生耐心幫我修改了論文題目和摘要的翻譯，杜維明教授、葉坦教授、李伯重教授等並一直關心著我的學業和發展。亦因機緣巧合及師長引介，我還分別認識了陳俊民教授、陳啓雲教授和吳銳研究員，三位老師對我的博士論文都給予了很多指導，陳俊民老師還對我的學習生活給予了許多關懷。

　　在攻讀博士學位期間，我有幸結識了許多才俊，得到了同門明旭、李軍、王銘琳、董希望、吳永明、樂君逸、徐煥陽、陳倩倩、汪傑貴、陳秋雨、祝亞、李華、裴志軍、范燁、楊纓及古史所馬智慧、田力、王永傑、黃建榮等眾多兄弟姐妹的關心和幫助，在與他們的交往中學到了許多知識。

　　需要特別提出的是，第二期「文化中國人才計畫」的沈陽同學、第三期「文化中國人才計畫」的黃珏同學，也對我的論文寫作提供了很大的幫助，尤其是黃珏同學花費了寶貴的一周時間，幫我整理了附錄二的《先秦年表》。

　　論文得以出版，承蒙我的導師周生春教授的推薦和花木蘭文化事業有限公司審稿專家的認可，感謝在出版過程及時傳遞本書編審信息的楊嘉樂副總編以及在本書校對、排版等工作中付出辛勤勞動的全體工作人員，祝願王明蓀主編主持下的「古代歷史文化研究輯刊」出版事業蒸蒸日上。

　　在五年多的博士研究生學習與生活中，在畢業後五年多的教書生涯中，關心和幫助過我的師友親人眾多，不便一一贅述，惟於此一併表示最衷心的感謝！